8° L.m¹ = 11

LES
MYSTÈRES
DU BLASON
DE LA NOBLESSE ET DE LA FÉODALITÉ

CURIOSITÉS — BIZARRERIES ET SINGULARITÉS

PAR

H. GOURDON DE GENOUILLAC
CHEVALIER DES ORDRES DU CHRIST ET DES SS. MAURICE-ET-LAZARE

PARIS
E. DENTU, ÉDITEUR
LIBRAIRE DE LA SOCIÉTÉ DES GENS DE LETTRES
PALAIS-ROYAL, 17 ET 19, GALERIE D'ORLÉANS

LES
MYSTÈRES
DU BLASON
DE LA NOBLESSE ET DE LA FÉODALITÉ

EN VENTE A LA MÊME LIBRAIRIE

OUVRAGES HÉRALDIQUES

DU MÊME AUTEUR

GRAMMAIRE HÉRALDIQUE contenant la définition exacte de la science des Armoiries, suivie d'un vocabulaire explicatif. Quatrième édition, revue et augmentée de l'art de composer les livrées. 1 vol. grand in-18 orné d'un grand nombre de figures. . . . . 3 fr.

DICTIONNAIRE HISTORIQUE DES ORDRES DE CHEVALERIE créés chez les différents peuples depuis les premiers siècles jusqu'à nos jours. Deuxième édition. 1 vol. grand in-18 avec un grand nombre de figures. . . . . 3 fr.

RECUEIL D'ARMOIRIES DES MAISONS NOBLES DE FRANCE, contenant la description de plus de 15,000 blasons. 1 vol. in-8. . . . . 8 fr.

DICTIONNAIRE DES FIEFS, SEIGNEURIES, CHATELLENIES, ETC. DE L'ANCIENNE FRANCE, contenant 18,000 noms de terres nobles ou titrées. 1 v. in-8. 10 fr.

ARMORIAL DÉPARTEMENTAL. *Nobiliaire des Bouches-du-Rhône.* 1 v. in-8. 6 fr.

SOUS PRESSE

SUPPLÉMENT AU DICTIONNAIRE DES ORDRES DE CHEVALERIE, contenant toutes les modifications apportées aux Ordres de chevalerie depuis 1860 et tous les Ordres nouveaux.

PARIS. — IMP. SIMON RAÇON ET COMP., RUE D'ERFURTH, 1.

LES
MYSTÈRES
DU BLASON
DE LA NOBLESSE ET DE LA FÉODALITÉ

CURIOSITÉS, BIZARRERIES ET SINGULARITÉS

PAR

H. GOURDON DE GENOUILLAC

CHEVALIER DES ORDRES DU CHRIST ET DES SS.-MAURICE-ET-LAZARE

PARIS

E. DENTU, ÉDITEUR

LIBRAIRE DE LA SOCIÉTÉ DES GENS DE LETTRES

PALAIS-ROYAL, 17 ET 19, GALERIE D'ORLÉANS

1868

Tous droits réservés.

PRÉFACE

Les études héraldiques ont eu pour moi un attrait qui m'a fait leur consacrer tous mes soins. Je les ai commencées par distraction, et j'ai fini par m'y livrer avec ardeur, au fur et à mesure qu'il m'a été donné de constater combien elles m'ouvraient de champs vastes et inconnus dans le domaine de l'histoire.

Car je l'ai déjà dit ailleurs, l'histoire des familles nobles est une mine inépuisable de renseignements pour établir celle de la France, et, appelé par la nature de mes travaux à compulser chaque jour les chartes et les manuscrits qui dorment non-seulement dans nos grands dépôts publics de Paris ou de la province, mais encore dans les archives particulières des châteaux — j'ai trouvé parfois des documents curieux dont je prenais précieusement note sans but déterminé — et tout simplement pour satisfaire mon désir de collectionneur.

Car j'avoue ici mon faible, je collectionne les curiosités nobiliaires et héraldiques — comme d'autres les autographes — ou la faïence.

Et chaque fois qu'une amitié ou une confraternité héraldique m'appelle dans quelque vieux castel provincial — il est rare qu'après avoir fouillé ses archives de fond en comble, je n'en revienne pas avec quelque trophée à ajouter à ma collection.

Le nouvel ouvrage que j'ai l'honneur d'offrir au public, qui accueille avec tant de bienveillance chacune de mes productions — est donc écrit à peu près sans méthode — sur des notes prises çà et là au hasard — au milieu de toutes celles qui encombrent mes cartons. — J'ai tâché en lui donnant une forme légère de le rendre plus agréable à la lecture.

Toute science a son côté amusant — c'est celui-là que j'ai essayé de faire ressortir.

Si je crois devoir mettre en tête de ce livre ces quelques mots de préface, c'est pour assurer mes lecteurs que si le titre de l'ouvrage éveille la curiosité, ils peuvent être certains qu'il ne contient pas un mot qui puisse être en désaccord avec mon amour pour la science héraldique. — Ce n'est pas un frondeur qui parle — mais un simple curieux — qui n'ayant pas encore mérité le lourd titre de savant — peut, sans déroger à une gravité qui ne lui est pas imposée — cueillir çà et là les quelques fleurs que le soleil a fait pousser par hasard dans le champ aride de la science dont je suis un des fervents adeptes.

LES MYSTÈRES DU BLASON

DE LA NOBLESSE ET DE LA FÉODALITÉ

CHAPITRE PREMIER

L'ART HÉRALDIQUE

LES SAVANTS AUX PRISES AVEC LE BLASON

La science héraldique, si dédaignée pendant les cinquante premières années qui suivirent la révolution de 1789, tenait jadis le premier rang parmi celles dont se composait l'éducation d'un homme.

Depuis cette époque, on s'habitua à la considérer comme une connaissance tout à fait superflue et bonne tout au plus pour ces maniaques qui, en plein dix-neuvième siècle, rêvent le retour de la féodalité et demandent le rétablissement du droit du seigneur.

Car il fut longtemps de bon goût de traiter de fou celui qui s'avisait de dire que la France avait eu de grandes pages dans son histoire avant 1789 et d'accuser quiconque osait soutenir que les rouages féodaux formaient un mécanisme ingénieux, de vouloir ramener le droit du seigneur.

Toutefois, depuis les vingt dernières années que nous venons de traverser, une réaction s'est produite.

Les gens intelligents, les penseurs, les artistes, tous ceux qui jugent les choses, non avec l'opinion des autres, mais avec leur esprit ou leur bon sens, ont compris qu'il y avait autre chose qu'une question de parti dans le blason qui, après tout, n'est qu'une science, — et que, rendre une science responsable des sottises que débitent en son nom ceux qui en ignorent les premiers éléments, c'était faire bon marché de la logique et du raisonnement.

Ce fut alors que nombre de gens désireux de s'instruire, s'enquirent des livres qui existaient sur la matière, les compulsèrent, les étudièrent et purent se ranger ensuite à l'avis de Gérard de Nerval qui, le premier, osa dire aux incrédules : « La connaissance du blason, c'est la clef de l'histoire de France. »

Aussi, depuis ce moment, ce fut à qui publierait de nouveaux livres sur l'art héraldique, afin de suppléer à tout ce que les anciens laissent d'obscur ou d'incomplet.

Nous avons écrit la *Grammaire héraldique;* — nous n'avons donc pas à rappeler ici ce que nous avons dit touchant les règles qui sont définies dans ce livre, auquel nous nous permettons de renvoyer pour apprendre la connaissance proprement dite de la langue du blason.

Le lecteur a peut-être remarqué que nous venons d'employer trois expressions différentes pour qualifier le blason : — *science, art, langue*.

C'est qu'en effet, et chose peu commune, le blason est tout à la fois une science, un art et une langue.

Est-ce cette triple dénomination qui a fait du blason une énigme dont le sens caché est plein de mysticisme aux yeux des profanes ?

C'est possible.

Toujours est-il que toutes les personnes étrangères à la connaissance des armoiries croient à l'existence d'une secrète signification des lignes qui entrent dans la composition du blason, et qu'elles ne manquent jamais de s'écrier à la vue d'un écu :

— Que veut dire ce lion rouge, cette étoile bleue ou cet arbre vert?

Devant cette question, si simple en apparence, l'héraldiste reste muet ou cherche un biais pour ne pas répondre :

— Je n'en sais rien.

C'est cependant la vérité; personne ne le sait, pas même le possesseur de l'armoirie, qui serait fort embarrassé de donner les raisons qui motivent la présence, dans son écu, de grains de sel, de glands, de bonnets, ou de toutes autres figures qui ne sont pas précisément de nature à éveiller dans la pensée une idée de noblesse.

Lorsque les souverains s'arrogèrent le droit exclusif de conférer des armoiries, ce fut bien souvent un caprice de leur royale volonté qui régla la composition des écus bizarres qu'on rencontre parfois dans les armoriaux.

Le roi soleil — Louis XIV — se plaisait à en imaginer de singuliers ; — dans ses moments de joyeuse humeur, il ne dédaignait pas le mot pour rire, — et ce mot, il le perpétuait en l'imposant aux générations d'une famille qui, en recevant la noblesse, se trouvait désormais dans l'obligation de porter dans ses armes une oie, un lapin, une feuille de chou, ou quelques autres meubles peu faits pour y figurer.

Ces meubles fantaisistes ne se trouvent pas, il est vrai, dans les armoiries des vieilles familles de France, qui empruntèrent au souvenir des croisades, aux grandes expéditions militaires, ou à la possession de hautes charges, les pièces de leur écu, ni dans celles de la noblesse impériale où sont ordinairement retracés des signes particuliers à certaines fonctions, ou servant à rappeler quelque fait d'armes spécial. — Telles sont la pyramide, indiquant que l'anobli a pris part à l'expédition d'Égypte, l'épée pour les comtes militaires, etc.

Donc, à l'exception de diverses pièces ou figures destinées à consacrer un épisode quelconque de l'histoire d'une famille, la généralité des autres est due au bon plaisir du souverain, et plus souvent encore à celui du juge d'armes chargé de la composition des armoiries.

Aux siècles passés, et particulièrement aux dix-septième et dix-huitième, tout était prétexte à blason, et les écrivains d'alors s'ingéniaient de cent façons pour appliquer jusqu'aux jours de la semaine et aux différents âges de l'homme, les couleurs héraldiques.

Commençons par l'étymologie de ces couleurs —et esquissons en quelques mots celle du blason, après quoi, laissant à part tout le côté aride de la science héraldique, nous nous attacherons à en extraire les détails, piquants par leur originalité, et qui ont le mérite d'être peu connus ; — et si nous sommes parfois obligé de mêler le burlesque au comique, nous prions le lecteur de nous excuser, en lui rappelant que nous n'inventons rien et que tous les faits que nous racontons sont puisés à des sources authentiques.

Il est fort possible qu'en d'autres contrées, la langue du blason ait été employée longtemps avant qu'elle ne fût connue en France, mais tout en admettant cette supposition, il est évident qu'elle différait essentiellement de celle qui, depuis les croisades, s'est universellement répandue dans toute l'Europe.

L'Allemagne seule peut revendiquer la prétention d'avoir vu naître les armoiries régulières ; voici à quelle occasion, dit la tradition : Lorsque Henry l'Oiseleur fit la guerre aux Hongrois, il se vit dans la nécessité d'implorer le secours des princes ses voisins, qui lui amenèrent des renforts considérables d'hommes d'armes et lui permirent de conclure une trêve d'une année avec ses ennemis.

Une fois la trêve jurée, Henry se demanda si, au bout de l'année, il retrouverait prêts à combattre les hommes dont il disposait, grâce à l'appui qu'il avait reçu des princes germains, et dans la crainte que, rentrés chez eux, ils ne voulussent plus lui venir en aide au moment du danger, il invita tous ces vaillants défenseurs de sa couronne à passer l'année de repos, qui leur était accordée, dans Magdebourg, la capitale de son duché de Saxe.

Les princes acceptèrent la proposition, et la ville s'emplit des alliés d'Henry.

Mais ce n'était pas tout que de les empêcher de s'éloigner, il fallait aussi les empêcher de s'ennuyer. C'était plus difficile.

Pour y parvenir, le rusé empereur imagina les tournois, qui devaient, après avoir servi d'amusement dans le duché de Saxe, devenir le suprême jeu des gentilshommes de toutes les nations.

Il est convenu que c'est du mot sonner de la

trompe ou *blazen* (en allemand) qu'est venu le nom blason, parce qu'à la suite de cette sonnerie, un héraut donnait à haute voix l'explication des armoiries de chaque chevalier.

Nous ne nous appesantirons pas sur ce point.

A ces mêmes tournois, les gentilshommes ornèrent la partie supérieure de leurs casques de figures bizarres, d'animaux, d'oiseaux, de tours, de clochers, de trompettes, de cors, de plumes, etc.; ce fut l'origine des *cimiers*.

Pour compléter l'étrangeté de cet accoutrement, les héros de ces fêtes attachèrent à leur coiffure de grandes bandes d'étoffe découpées, qui, partant de la tête, descendaient jusqu'au milieu du corps et ressemblaient à des guirlandes de feuillage.

Ce furent les *hachemens* ou *lambrequins*.

Les princes et les seigneurs allemands qui se divertirent ainsi en compagnie d'Henry l'Oiseleur, imaginèrent encore de costumer leurs pages ou varlets d'une façon grotesque, en les travestissant en lions, en ours, en chiens, en phénix, en griffons. Quelques-uns conservèrent leur visage découvert, et se contentèrent de s'habiller en lions, en sirènes, etc.

Lorsque le combattant n'avait plus besoin de tenir à la main son écu, il le donnait à son varlet, transformé en animal, et qui prenait le nom de *support*, quand sa tête était masquée, et de *tenant* lorsqu'elle était découverte.

Voilà, dit-on, l'origine des tenants et des supports.

Elle repose sur une donnée assez fragile. Cependant, il faut l'accepter à défaut d'autres.

L'exiguïté du nombre de pièces, dites héraldiques, qui se trouvent représentées sur une grande quantité de blasons, a toujours paru singulière.

Elle s'explique cependant facilement.

Les armoiries les moins compliquées sont, sinon les plus honorables, du moins les plus anciennes, la raison en est toute simple.

Le premier homme d'armes qui a voulu faire remarquer sa présence par celle de son écu, n'a eu besoin pour cela que de le colorier à l'aide de la première couleur venue.

Le second a dû nécessairement en choisir une autre.

Or, une fois les sept couleurs primitives employées, le huitième chevalier s'est trouvé dans la nécessité — pour se distinguer des autres — de peindre l'écu de deux couleurs.

Puis, après les avoir alternées de toutes les façons, un autre fit plus, il peignit un fond, et traça une barre verticale, oblique ou horizontale par-dessus.

De là, les pals, les barres, les bandes, les croix, etc.

Revenons aux couleurs.

En première ligne vient la couleur rouge, appelée en blason *gueules*.

On ne s'imagine guère à combien de controverses a donné lieu la recherche de l'étymologie du mot « gueules » qui fit le désespoir des savants en science héraldique.

Eh! mon Dieu, ces savants ressemblent à beaucoup d'autres : s'ils sont quatre à discuter sur un point douteux, chacun d'eux émet une opinion qui diffère de celles de ses collègues; opinion dont il ne veut pas démordre, ce qui éternise tellement la question, qu'elle finit par rester à l'état de problème à résoudre.

Ah! lorsque les savants au lieu d'être quatre sont dix, c'est bien différent, — il y a dix avis divers.

Donc, pour ce qui concerne la couleur rouge ou gueules, un de ces savants a prétendu que *gul* en langue persane signifiait rose, et que ce fut par cette raison que les Français, grands admirateurs de la fleur de ce nom, auraient donné celui de *gul*, en le francisant par *gueules*, à la couleur rouge.

D'abord, quoique les roses revêtent de nos jours les plus brillantes couleurs, et que les horticulteurs en aient découvert de jaunes, de bleues, voire même de noires, la nuance de la généralité n'est pas rouge, et le fût-elle à l'époque des croisades, il me semble qu'il eût été bien plus simple alors de se servir du mot rose que de celui de gueules, emprunt bâtard fait au persan.

Un second savant fait dériver ce mot de sang.

Mais il oublie de développer sa théorie, et je préfère m'arrêter au dire du troisième, qui soutient que la couleur gueules est ainsi nommée parce que c'est celle de l'intérieur de la... bouche.

Celui-là pourrait bien être seul dans le vrai.

Le bleu ou *azur* vient de la couleur du *lapis lazuli*, dont les Espagnols ont fait *azul* et les Français azur.

Le vert ou *sinople* doit cette dernière dénomination à la ville de Sinope.

Lorsque les croisés se trouvèrent en vue de Sinope, plusieurs d'entre eux furent frappés de la magnificence des arbres qui y croissaient en grande abondance; la beauté de leur feuillage d'un vert clair et transparent leur plut si fort, qu'en souvenir du plaisir qu'ils avaient éprouvé en considérant cette éclatante verdure, ils firent peindre tout ou partie de leur écu d'une couleur se rapprochant du vert qui les avait tant charmés et à laquelle ils donnèrent le nom de sinople.

Le noir ou *sable*, n'en déplaise aux érudits qui ont essayé de faire croire que le sable de Jérusalem est noir, doit uniquement son nom au *sabellina pellis*, petit animal fort commun dans les environs des lieux saints.

Le *pourpre* est la couleur de ce nom, seulement le pourpre héraldique tire un peu sur le violet.

Le *vair* (fourrure) est la représentation de la robe du petit-gris ou écureuil du Nord, nommé *vairii* par les Latins, *vaïo* par les Italiens et enfin vair en vieux français.

C'est de cette fourrure qu'était faite la fameuse pantoufle de Cendrillon, que la majorité des lecteurs de Perrault ont métamorphosée en pantoufle de *verre*, sans avoir jamais voulu renoncer à la joie qu'ils éprouvaient, en se représentant Cendrillon dansant toute une nuit avec une pantoufle si fragile, sans la casser.

J'avoue que la chose méritait la peine d'être

remarquée. C'est probablement pour cette raison que nous avons vu, dans plusieurs éditions des contes de Perrault, le *verre* soigneusement conservé, à la honte du pauvre vair sacrifié.

L'*hermine* doit son nom à l'animal dont le blason s'est emparé de la fourrure. Il pullulait, dit-on, en Arménie, que les anciens Gaulois appelaient volontiers *Herminie*, d'où est venu hermine.

Ces fourrures étaient autrefois portées par les hommes d'armes comme doublures de leurs manteaux. Ce fut au milieu des combats que des chevaliers, tels que Thomas de Coucy et le sire de Longueval s'avisèrent, surpris par les infidèles, qui leur avaient enlevé leurs cottes d'armes et leurs bannières, de couper ces manteaux et de s'en faire des étendards, autour desquels accoururent se ranger leurs écuyers et leurs suivants.

On sait qu'il y a en blason, outre les couleurs ou émaux, deux métaux : l'or et l'argent.

Voici comment un héraldiste du dix-septième siècle symbolise les métaux et les émaux.

« L'Or. — L'or, comme le plus excellent et le plus noble des métaux, signifie dans les vertus chrétiennes la foi, la justice, la tempérance, la charité, la douceur, la clémence et l'humilité. Dans les vertus et les qualités mondaines, il dénote la noblesse, la chevalerie, la richesse, la générosité, la splendeur, la souveraineté, l'amour, la pureté, la netteté, la santé, la constance, la solidité, la gravité, la joie, la prospérité, la longue vie et même l'éternité. »

Le brave héraldiste eût aussi bien fait de dire en deux mots que l'or dénotait toutes les vertus et toutes les qualités, chez celui qui le possède.

Il y a bien des gens qui, de nos jours, pensent de même.

Il est vrai que le naïf auteur a le soin d'ajouter :

« Il n'est pas besoin de mettre ici que Jésus-Christ sur le mont Thabor se transfigura, luisant comme le soleil, en couleur d'or, pour marquer la prééminence de ce métal sur les autres.

« L'Argent. — Après l'or, l'argent, comme le

plus considérable et le plus lumineux de tous les métaux, entre les vertus et les qualités spirituelles signifie l'humilité, l'innocence, la pureté, la félicité, la virginité, la tempérance et la vérité.

« Entre les vertus et les qualités mondaines, il signifie la beauté, la gentillesse, la franchise, la blancheur.

« L'argent est au respect de l'or, ce que la lune est au respect du soleil, et comme ces deux astres tiennent le premier rang entre les autres planètes, de même, l'or et l'argent excellent sur le reste des métaux, et sont employés par leur dignité dans les armoiries, à l'exclusion des autres métaux.

« L'azur, qui représente le ciel, signifie la justice, l'humilité, la chasteté, la joie, la loyauté, l'amour et la félicité éternelle.

« Entre les vertus mondaines, l'azur symbolise la louange, la beauté, la douceur, la noblesse, la victoire, la persévérance, la richesse, la vigilance et la récréation. »

Quant au gueules, c'est la justice, l'amour de

Dieu, la vaillance, la hardiesse et l'intrépidité, la cruauté, la colère, le meurtre et le carnage.

On s'étonnera peut-être de ce que la même couleur symbolise la justice, l'amour de Dieu, le meurtre et le carnage, mais c'est ainsi, — et l'héraldiste auquel nous empruntons ces détails, ne s'embarrasse pas pour si peu.

Continuons :

« Le sable, ou couleur de la terre, signifie deuil, affliction, simplicité, humilité, douleur, sagesse, science, prudence, gravité et honnêteté.

« Le sinople représente l'honneur, la courtoisie, la civilité, l'amour, la vigueur, la joie et l'abondance.

« Et enfin la pourpre qui symbolise la foi, la chasteté, la tempérance et la dévotion, signifie entre les vertus mondaines, la noblesse, la grandeur, la souveraineté, la gravité, la récompense d'honneur, l'abondance, la tranquillité et la richesse. »

On a probablement remarqué que des couleurs différentes ont absolument la même signification ;

— nous avons cité ces prétendues symbolisations pour montrer combien elles sont abusives et puériles.

Un autre héraldiste, contemporain du premier, appliquant le blason à tout ce qui lui passe par la tête, donne des armoiries au printemps, auquel il consacre le sinople ; à l'été, qu'il gratifie de gueules, à l'automne qu'il dote de l'azur et, enfin, à l'hiver dont l'écu est de sable!...

Les jours de la semaine sont ainsi blasonnés :

Dimanche, l'or; — lundi, l'argent; — mardi, l'azur; — mercredi, le gueules; — jeudi, le sinople; — vendredi, le sable; — samedi, le pourpre.

Il partage la vie de l'homme en sept couleurs héraldiques :

L'âge d'argent qui conduit à sept ans ; — d'azur, de sept à quinze ; — d'or, de quinze à vingt-cinq ; — de sinople, de vingt-cinq à trente-cinq ; — de gueules, de trente-cinq à cinquante ; — de pourpre, de cinquante à soixante-dix ; — de sable de soixante-dix à cent.

Ce n'est pas tout, les tempéraments ont également part à cette distribution héraldique : on voit le tempérament sanguin blasonner de gueules ; le cholérique, d'azur ; le flegmatique, d'argent ; le mélancolique, de sable.

Puis viennent les vertus et les qualités :

Or, foi ; — gueules, charité ; — sinople, force ; — pourpre, attrempance ; — argent, espérance ; — azur, justice ; — sable, prudence.

Les éléments :

Le feu, gueules ; — l'eau, argent ; — l'air, azur ; — la terre, sable.

Les pierres précieuses :

Le rubis, gueules ; — la topaze, or ; — l'émeraude, sinople ; — le saphir, azur ; — la perle, argent ; — le diamant, sable.

Tout cela est longuement expliqué dans un petit volume extrêmement rare et qui a pour titre : *le Blason des couleurs en armes, livrées et devises.*

C'est pousser trop loin la manie du symbolisme,

mais encore une fois les premiers héraldistes expliquaient tout, — même ce qu'ils ignoraient.

Rabelais s'est élevé avec force contre l'auteur de ce livre, et voici le jugement qu'il porte sur lui :

« Je ne sçai quoi premier en lui je doibve admirer ou son oultrecuidance ou sa besterie.

« Son oultrecuidance, qui sans raison, sans cause et sans apparence, ha ausé prescrire de son autorité privée, quelles choses seroient dénotées par les couleurs : ce qu'est usance des tyrans, qui veulent leur arbitre tenir lieu de raison ; non des sages et sçavants, qui par raisons manifestes, contentent les lecteurs.

« Sa besterie, qui ha existimé que sans aultres démonstrations et arguments valables, le monde régleroit ses devises par ses impositions badaudes... »

Les animaux tiennent une large place dans le blason.

Naturellement on a dû leur assigner une signification ; ainsi, en prenant au hasard, nous voyons que selon l'opinion de graves écrivains dont les noms faisaient autorité :

Le *Griffon* est le symbole de la force jointe à la vitesse et à la diligence.

Le *Lion* et le *Léopard* indiquent la force, la magnanimité et la vaillance.

Le *Cerf* est habituellement concédé à un homme adonné au plaisir de la chasse et qui dans le temps d'une paix tranquille ou d'une retraite glorieuse, s'occupe à cette guerre innocente. — Mais le cerf indique aussi le succès et la rapidité.

Le *Bœuf* et le *Taureau* signifient le labeur et l'agriculture, la patience et l'assiduité au travail. Et à l'appui de cette opinion, on cite les monuments antiques décorés de têtes de bœuf désarmées, enlacées de festons et couronnées de fleurs qui, selon Pierrus, symbolisent la récompense des longs travaux.

Les *Brebis* et autres bêtes à laine, qui sont l'image de la douceur et de la mansuétude, marqueraient aussi les pays riches et abondants en pâturages.

Le *Bouc* et la *Chèvre* dénotent la pétulance, ou désignent un terroir montagneux, plein de roches et d'escarpements.

Par le *Cheval* on a toujours indiqué l'image de la guerre, à l'exception cependant des chevaux nus et paissants, qui figurent le repos.

La *Licorne* représente l'amour.

Le *Chien*, la vigilance, la fidélité et l'affection.

Le *Chat*, l'indépendance.

Le *Loup*, l'homme cruel et sanguinaire, — un conquérant enclin au meurtre et au pillage.

Le *Renard*, un esprit malicieux, fin et rusé.

Le *Lièvre*, un cœur pusillanime.

L'*Ane*, le travail et la patience.

L'*Ours*, un homme trop adonné aux choses terrestres.

Le *Castor*, l'adresse et la persévérance.

L'*Aigle* symbolise la puissance, la domination, de même que l'*Arc* et le *Chêne*.

Les *Aiglons* et les *Lionceaux* expriment la volonté qu'ont les descendants d'une famille de suivre les traces de leurs ancêtres.

Les *Alérions* et les *Merlettes* représentent les ennemis désarmés et mis hors de combat.

Le *Vautour* et les autres *Oiseaux de proie* et de *fauconnerie* sont le partage des hommes de guerre.

La *Colombe* est l'image de la société conjugale, de l'humanité, de la douceur et de la fécondité, de la clémence, de la simplicité et de l'union.

Le *Cygne* démontre une vieillesse glorieuse et honorable.

Le *Perroquet* marque l'éloquence.

Le *Corbeau*, la médisance, la dissension et la discorde.

Le *Paon*, l'opulence pompeuse et éclatante.

Le *Coq*, la bravoure et la hardiesse, la fierté et le courage.

Le *Pélican*, le dévouement.

La *Grue* et le *Héron*, la vigilance.

La *Chouette*, la science.

La *Cigogne*, la reconnaissance et la piété filiale.

Le *Dauphin* exprime le commandement sur mer.

L'*Olivier* est le symbole de la paix ; — le *Cyprès*, celui de la mort et de l'affection ; — la *Vigne*, c'est la joie et la récréation ; — le *Figuier*, la douceur et la tranquillité de la vie.

Le *Pommier* et son fruit représentent l'amour.

La *Grenade*, l'union.

La *Rose*, la grâce et la beauté.

Le *Lis*, l'espérance — comme toutes les *Fleurs*, d'ailleurs — et les *Fruits*, la fécondité.

Le *Chou* indique la joie troublée.....

Faut-il encore citer la *Balance*, comme signe d'équité et d'impartialité ; — le *Caducée*, comme un gage de paix et de concorde ; — le *Chandelier*, qui montre la foi orthodoxe ; — le *Chérubin*, la science religieuse ; — une *Foi*, la sincérité et la réconciliation ; — le *Cœur*, la ferveur religieuse ; — la *Comète*, la renommée ; — les *Étoiles*, le bon et le mauvais destin ; — la *Palme*, la victoire ; — le *Chapeau*, la liberté.....

Dans la nomenclature des symboles applicables aux diverses pièces qui entrent dans la composition des armoiries, l'héraldiste Baron, arrivé aux mots *sanglier* et *porc*, prétend que ces animaux représentent l'homme d'un naturel voluptueux et peu enclin aux exercices d'honneur et de vertu.

C'est peu flatteur pour les familles qui ont des sangliers ou des porcs dans leurs armoiries ; — aussi, désespéré sans doute d'être dans la nécessité d'avancer une opinion si désobligeante, Baron se hâte-t-il de lui donner une application toute spéciale, ce qui peut passer pour une subtilité des plus adroites.

Et d'abord il va au-devant de l'objection qu'on ne manquera pas de lui opposer.

« Je ne doute pas qu'on ne me puisse objecter que ce que j'ai avancé ci-devant semble se contredire, en ce qu'ayant dit que les armes et tout ce qui les remplissoit étoit la marque et le caractère de la noblesse et de la vertu : que cependant, ceux qui portent en leurs armes de tels animaux et autres semblables qui dénotent des qualités vicieuses, ont de très-mauvaises démonstrations pour la marque et principe de leur famille. Il est aisé de parer à ce coup d'estocade : Je réponds donc que véritablement les armes et tout ce qui les compose ont été données et prises pour les raisons ci-dessus et que, pour cela, on se sert de ce qui y entre, pour mieux faire entendre en considération de quoy on a été annobly, et que bien souvent une victoire ou quelque service important en a été la cause. Bien souvent on la désigne par la chose vaincue, terrassée, surpassée et surmontée ; comme par exemple, lorsqu'un capitaine ou commandant a abattu ou désarmé son ennemi, ou conquis quelque place sur un prince ou un seigneur vicieux, et lorsqu'il voudra perpétuer cet exploit dans l'éternel souvenir des hommes ; pour lors il prendra pour armes un animal ou autre chose qui marquera les habitudes vicieuses de celui qu'il aura vaincu ; s'il a passé pour un voluptueux et adonné à l'intempérance, il pourra mettre pour mémoire un porc dans ses armes. »

Ainsi voilà qui est entendu : En ce cas le porc ne désigne pas l'anobli — mais bien son ennemi.

Ce n'est pas généreux, après avoir vaincu quelqu'un, de faire peindre un porc dans ses armes pour *perpétuer dans l'éternel souvenir des hommes* la mémoire de son adversaire !

Il serait véritablement fâcheux, d'ailleurs, qu'on personnifiât l'image grossière d'un porc dans un écusson. — Quand il y figure, c'est généralement par allusion au nom de famille — ou en raison de quelque événement particulier — ou enfin par caprice royal — mais nous ne saurions trop le répéter, il serait absurde de se fonder sur les figures meublant un écu, pour en tirer une analogie avec le caractère ou les défauts ou qualités — de celui qui en obtint la concession.

Mais c'est assez, nous craindrions, en poussant plus loin cette nomenclature, de lasser la patience du lecteur, qui sait parfaitement que tous ces emblèmes s'emploient aussi en dehors de la langue du blason, auquel nous avons hâte de revenir.

Un autre admirateur de cette science, Oronce Finé, dit de Brianville, conseiller et aumônier du roi, publia vers 1660 le *Jeu des armoiries* qu'il dédia à S. A. R. de Savoye.

C'étaient des cartes ordinaires, portant chacune le nom d'un souverain ou d'une province et donnant l'explication des armoiries du monarque ou de celles du pays; les as et les valets étaient changés en rois et chevaliers.

Avec ces cartes on jouait au hère, au malcontant ou au coucou, jeux aussi inconnus de nos jours que les cartes héraldiques, dans lesquelles nous avons trouvé cependant des renseignements assez curieux et qui apprennent, entre autres particularités :

Qu'il faut regarder comme une fable le dire de certains auteurs qui prétendent que les armoiries des rois de France, prédécesseurs de Clovis, étaient trois crapauds.

Il est vrai que d'autres soutiennent que ces armoiries furent : les uns trois couronnes, les autres trois croissants, ou bien encore un dragon étranglant un aigle à l'aide de sa queue.

Oronce Finé nie tout cela. Quant aux fleurs de lis :

« Elles furent prises (dit-il), par Clovis après

qu'vn saint hermite de Joyennal luy eut dit qu'vn ange les luy auoit apportées du ciel pour en orner l'escu de France. Ceux-là n'en tombent pas d'accord qui disent qu'on n'en trouve point de vestige auant Louÿs le Jeune. Ses successeurs en semèrent leurs escus iusques à Charles VI qui les réduisit à trois. »

Baron confirme cette opinion, et dans son *Art héraldique* s'exprime ainsi : « Au temps que Clovis, premier roy chrétien, se faisoit baptiser à Rheims, furent changées (les armoiries) en trois fleurs de lys d'or en champ d'azur qui, par un miracle singulier, parurent dépeintes sur un étendart de soye blanche qui fut apporté du Ciel par un Ange qui mit cet oriflame entre les mains d'un saint Hermite vers Saint-Germain-en-Laye, pour le présenter à ce grand prince et augmenter par le présent l'éclat de la Cérémonie de son baptême qui fut le jour de Noël, l'an 496. »

Les fleurs de lis ont, d'ailleurs, donné lieu à de nombreuses dissertations touchant leur origine et leur signification.

Nous nous garderons bien de reproduire ici les opinions les plus contradictoires qui ont été émises à ce sujet, depuis celle qui soutient que les fleurs de lis ne sont que des crapauds mal dessinés, jusqu'à celle qui prétend qu'elles représentent les fleurs croissant sur les bords du Nil et qu'on confond à tort avec le nénuphar.

M. Borel d'Hauterive a dit, avec beaucoup de bon sens, que rien ne justifiait la nécessité de chercher l'origine des fleurs de lis ailleurs que dans la plante elle-même. Nous sommes entièrement de son avis.

M. Borel d'Hauterive aussi fixe à l'année 1376 la réduction à trois du nombre de fleurs de lis meublant l'écu des rois de France, et explique que le motif fut en l'honneur de la sainte Trinité.

« Le symbole du royaume de France se compose de trois et non de deux fleurs de lis pour porter en soi le type de la Trinité, et les trois lis ne forment qu'un symbole, comme les trois personnes ne forment qu'un Dieu. »

Ces détails ont été puisés par lui à une source

non suspecte, dans une charte donnée par le roi Charles V, le 14 décembre 1379. Ils sont donc exacts.

II

LE POURQUOI ET LE COMMENT

Passons maintenant aux pièces héraldiques et aux diverses figures employées dans le blason.

Encore une fois, la présence de telle ou telle autre n'a pas, sauf de rares exceptions, de signification proprement dite; mais comme il est certain que les noms de chacune d'elles ont une raison d'être, nous allons essayer de la démontrer et d'expliquer pourquoi les souverains et les hérauts d'armes multiplièrent l'emploi de quelques pièces, et pourquoi bon nombre de gentilshommes les choisirent de préférence à d'autres.

Quant à l'adoption des couleurs spéciales, il est facile d'en reconnaître le motif. Lorsque les ducs de Bretagne, de Bourgogne, etc., créaient des nobles, avant la réunion de ces duchés à la couronne, ceux-ci ne manquaient pas, en signe d'hommage, ou tout au moins de reconnaissance, d'adopter soit le champ, soit une pièce des armes de ceux qui leur avaient conféré l'ordre de la chevalerie. C'est à cette coutume qu'il faut attribuer la similitude qu'on remarque dans les armoiries de la noblesse d'une même province : tels sont les écus de Bourgogne, généralement de gueules, parce que le gueules était l'émail du blason des ducs, ceux de l'Ile-de-France d'azur, parce que l'azur était la couleur du champ de l'écu du souverain.

De même que les croix et les coquilles sont fréquentes sur les blasons normands, en raison de ce que cette province fournit nombre de chevaliers aux croisades, les merlettes abondent en Champagne, les tours et les châteaux en Provence, et les lions en Guyenne.

Revenons aux étymologies, nous arriverons ensuite à la partie anecdotique de ce travail.

Les étymologies ! là plus que jamais nous sommes en présence d'une confusion extrême et d'une divergence d'opinions incroyable. Relatons-en quelques-unes, en les donnant pour ce qu'elles valent.

Le *pal*, une des pièces honorables les plus usitées, soulève tout d'abord une question de rébellion contre l'autorité académique.

L'Académie française veut qu'on dise : un pal, des paux, et les héraldistes soutiennent *mordicus* qu'il faut : un pal, des pals, c'est l'usage qui l'emporte — et les paux ne figureront jamais que dans le dictionnaire de la docte assemblée.

Qu'est-ce qu'un pal ? ou plutôt que représente-t-il ? bien des choses :

La lance du cavalier;

Le poteau, qu'en signe de juridiction, le châtelain faisait dresser devant le pont-levis de son manoir féodal;

Une pièce d'étoffe ; — les anciens tapissaient les murailles d'étoffes diverses alternées et posées lés par lés, — et le mot tapisser se disait alors *paler*, — de là le mot pal, bande perpendiculaire.

A ces opinions, si nous joignons la nôtre, nous ajouterons que le pal vient de palissade, qu'il représente un pieu, et qu'il est destiné à rappeler un assaut ou la prise d'une place défendue par des ouvrages en bois.

La *bande* et la *barre* représentent l'écharpe du chevalier — comme la *fasce* sa ceinture.

Le *giron* vient du mot *giro*, tourner; cette pièce ressemble à une marche d'escalier en spirale et est l'emblème de la prise d'une tour.

Le *macle*, qui dérive du latin *macula*, figure la maille des filets de chasse ou de pêche, et celle de la cotte dont se revêtait le chevalier.

Le *chevron* représente les éperons du cavalier, ou les étais en bois destinés à soutenir les travaux de fortification.

Le *pairle* (*pergula*) est la fourche dont on se servait pour étendre les habits sacrés et suspendre les lampes dans les églises.

Le *sautoir*, ou *croix de Saint-André*, était jadis un cordon de soie ou de chanvre couvert d'une étoffe précieuse, et qui, attaché à la selle du cheval, servait d'étrier pour monter dessus, ce qui lui a fait donner le nom de *sautoir*.

La *pile*, du latin *pilum* (trait), représente les bâtons armés de fer, dont les anciens se servaient dans les combats.

Outre ces diverses pièces principales du blason, il est un grand nombre de figures qui ont une signification déterminée. Aussi ne les rencontre-t-on généralement que sur les écus des familles anciennes ou de celles qui ont été en possession de certains droits.

Nous citerons entre autres :

Le *besant*, pièce de monnaie de Byzance.

Le besant indique souvent que la famille a eu quelqu'un des siens prisonnier des infidèles et obligé de payer sa rançon, — presque toujours qu'elle descend d'un croisé ; — mais quelquefois aussi, le besant est une marque des fonctions de maître d'hôtel, de trésorier ou d'argentier des rois de France.

Les *billettes* servent aussi à indiquer ces fonctions ou des charges de finance.

Toutefois elles sont plus souvent employées comme représentation des briques avec lesquelles les seigneurs féodaux avaient seuls le droit de faire construire leurs demeures.

Les *aiglettes* indiquent ordinairement la part prise à quelque grande bataille.

L'*anille* indique la possession d'une maison ayant pignon sur la rue.

Le *bar* indique la possession de terres coupées par des rivières.

Le *bourdon* indique les voyages en terre sainte, ainsi que les *canettes*, les *merlettes*, les *coquilles*.

Le *bourrelet* indique la noblesse militaire, — comme le *badelaire*, — la *bouterolle*, la *molette d'éperon*, la *banderole*, le *casque*, les *crampons*, l'*épée*, les *fers de lance*, de *dard*, etc., les *flèches*.

Le *lambel*, qui vient du vieux mot gaulois *label*, rappelle le nœud de rubans que l'on attachait au col du heaume, il pendait en arrière ; quand on le plaçait au-dessus de l'écu, il en couvrait la plus haute partie et servait à distinguer, dans les tournois et les cérémonies, les enfants de leur père; il n'y avait que ceux qui n'étaient pas mariés qui en portassent. C'est pour cette raison que le lambel est employé par les puînés comme brisure.

La *chaudière*, employée fréquemment dans les armoiries d'Espagne et de Portugal, est l'attribut particulier des *Ricos Hombres* qui nourrissaient les soldats levés par eux.

Les *clefs* dénotent un titre de seigneur châtelain, ou la charge de gouverneur de lieux fortifiés.

La *cloche* indique la noblesse commencée par l'échevinage; noblesse de cloche, disait-on autrefois, par allusion aux cloches qu'on mettait en branle, pour célébrer l'élection des échevins.

Les *coupeaux* indiquent la possession de châteaux construits sur des points élevés.

Le *crancelin* ou partie de couronne, qui vient du mot allemand *krenslin*, signifie petite couronne ou chapeau de fleurs.

Le *doloire*, du latin *dolobra*, représente un couteau de sacrificateur.

Les *poissons*, en général, et particulièrement les *écrevisses*, indiquent le droit de propriété sur un cours d'eau.

Le *fer à moulin* indique la possession de moulins, où les vassaux étaient obligés, en payant une redevance, de faire moudre leurs grains.

Le *gambisson* représente le pourpoint de cuir rembourré, qui se portait sous le haubert.

La *girouette* est l'emblème du droit féodal.

Le *gland* indique la possession de forêts.

Le *hamaïde*, que certains auteurs croient être une barrière à jour, de trois pièces, semblable à celles qui traversaient les grands chemins, pour faire payer le droit de passage, indique la possession de ce droit seigneurial de passage; — il est vrai que d'autres héraldistes prétendent que le hamaïde représente tout simplement un chantier, propre à soutenir les tonneaux dans les caves, lesquels sont appelés *hames* en Flandre.

Tenons-nous à la première version, qui est beaucoup plus héraldique.

Le *ruste* vient du mot allemand *raute* et représente les écrous des portes de castel.

Les *têtes de Maure* indiquent une ancienne noblesse, elles représentent les prisonniers faits sur les infidèles, lors des croisades.

Les *anneaux* prennent leur nom, dit-on, des anneaux que, dans les tournois, les chevaliers étaient appelés à enlever avec la lance pour faire preuve de leur adresse, ainsi qu'au jeu de bagues. On prétend aussi qu'autrefois l'anneau figurait le plan d'une tour vue à vol d'oiseau. Les anneaux prennent aussi le nom de *vires*, du latis *viriæ*, et parfois signifient les bracelets enrichis de pierres précieuses que les femmes, dans les joutes et les tournois, donnaient souvent comme gages à leurs chevaliers.

Une pièce très-peu usitée en blason, mais qu'on y rencontre cependant, est l'*écope*, espèce de pelle de bois longue et recourbée, dont on se sert pour arroser les toiles sur les prés.

III

LES ARMOIRIES DES SOUVERAINS

Peut-être nous saura-t-on gré de donner l'explication de certaines armoiries souveraines.

Sans les passer toutes en revue, nous signalerons seulement celles qui sont de nature à présenter quelque intérêt.

Depuis Louis le Jeune jusqu'à Charles V, les rois de France ont porté : *d'azur, semé de fleurs de lis d'or sans nombre.* Nous avons dit qu'en 1376, Charles V réduisit à trois les fleurs de lis. Depuis l'avénement au trône de Henri IV, nos rois, prenant le titre de rois de France et de Navarre, portèrent jusqu'en 1830, les armes de Navarre accolées à celles de France. Ces armes étaient : *de gueules, aux chaînes d'or posées en croix en sautoir et en double orle, enfermant une émeraude en cœur.*

Les chaînes de Navarre furent prises pour armes par Sance le Fort, roi de Navarre, après qu'il eut défait Mahomet le Vert, miramolin d'Afrique et d'Espagne en 1212. Ce calife avait fait tendre des chaînes tout autour de son camp pour en défendre l'entrée, mais cet obstacle n'arrêta pas Sance, qui le força, après s'être emparé des chaînes, qu'il fit suspendre en trophées en diverses églises de la Navarre, et dont il fit la pièce principale de ses armes, en les disposant en croix, en souvenir des armes de son prédécesseur, Eneco Arista, qui portaient une croix.

Avant lui, Garcia Ximenez portait : *de gueules plain*, il prétendit avoir vu un jour un écu briller au ciel, sur lequel était représenté un chêne surmonté d'une croix, et ce fut la cause que les armes de Navarre furent, jusqu'au changement apporté par Eneco : *d'or, au chêne de sinople, pommeté de gueules.*

Pendant le règne de la maison d'Orléans, les armes de France furent : *d'azur, au livre d'or, chargé de ces mots : Charte de* 1830.

Les armes impériales, aujourd'hui celles de la France, sont celles que l'empereur Napoléon Ier choisit pour remplacer les siennes propres, qui étaient : *de gueules, à deux barres d'or, accompagnées de deux étoiles de même, l'une en chef et l'autre en pointe.*

Ces armes sont, on le sait : *d'azur, à l'aigle d'or, empiétant un foudre du même.*

L'aigle était l'enseigne de l'empire romain.

La division des deux empires d'Orient et d'Occident donna naissance à l'aigle à deux têtes d'Autriche, qui, regardant à droite et à gauche, marque cette séparation d'États. On prétend aussi que les aigles à deux têtes viennent des aigles de Varus, que les Germains victorieux auraient par dérision attachées dos à dos [1].

Le globe surmonté d'une croix, qui domine les couronnes souveraines, a pour objet de continuer la tradition remontant à Justinien, qui se fit élever une statue sur une colonne tenant un pareil globe,

---

[1] En blason, aigle est féminin.

« pour signifier, selon Suidas, que par la croix, les empereurs chrétiens avaient subjugué l'univers. »

Saint Étienne, premier roi de Hongrie, prétendit avoir obtenu en 1000 le diadème royal du pape Sylvestre II, par l'inspiration d'un ange et par ordre exprès de Dieu, pour le récompenser de la conversion de son peuple.

Et pour en témoigner sa reconnaissance, il ordonna qu'on porterait toujours une croix devant lui; de plus, il fit son blason d'une croix patriarcale de gueules sur argent.

Ses successeurs changèrent ces armes en un écu *burelé d'argent et de gueules de huit pièces;* les quatre d'argent, représentant les principales rivières du royaume : le Danube, la Drave, le Nisse et la Save; les quatre de gueules, le terroir rougeâtre et fécond en minéraux de toute espèce.

Dans les armes d'Angleterre, on remarque les léopards, enseigne particulière de l'Angleterre proprement dite, et la harpe, armes d'Irlande, qui furent prises par un des premiers possesseurs de l'île, qui se nommait David, exemple qui fut imité depuis par la plupart des familles françaises du même nom.

Le Léopard fut adopté par Guillaume le Bâtard, duc de Normandie, parce qu'il considéra que c'était le véritable emblème qui lui convînt, le léopard passant pour être un bâtard, puisque Pline soutient qu'il est le produit des relations d'une panthère mâle et d'une lionne.

Le roi de Bohême porte dans ses armes un lion à queue fourchée.

Au préalable, il portait une aigle; mais l'empereur d'Allemagne, Frédéric Ier, changea l'aigle en lion en faveur de Ladislas II; par malheur, l'artiste chargé de représenter le noble animal, avait plus de bonne volonté que de talent, et il fit au lion une queue si courte, que les soldats de Ladislas refusèrent de reconnaître dans cette peinture l'image du roi des animaux, et s'obstinèrent à n'y voir que celle d'un singe.

Qui fut mécontent? ce fut Ladislas. C'était bien

naturel; il avait le droit de s'armer d'un lion, et on prenait ce lion pour un singe. C'était désagréable; aussi, cédant à un mouvement de dépit très-compréhensible, il fit non-seulement allonger la queue de son lion, mais il voulut qu'il en eût deux, et deux bien dressées et passées en sautoir.

C'était une idée originale; mais il faut avouer qu'il devenait impossible de prétendre désormais que le lion manquait de queue, puisqu'il en avait deux au lieu d'une.

Depuis, la Bohême a conservé le lion à double queue, et à son exemple d'autres l'adoptèrent.

Les trois lions d'azur qui figurent dans les armoiries du Danemark, représentent les trois bras de la mer Baltique, comme les trois couronnes qui se trouvaient anciennement dans celles de la Suède, marquaient l'alliance des trois royaumes de Suède, Danemark et Norwége.

Léopold II, duc d'Autriche, revenait d'un combat contre les infidèles, sa cotte d'armes en toile d'argent toute couverte de sang; comme on lui déceignit son écharpe, il ne parut de blanc sur lui que la place qu'elle recouvrait. A partir de ce moment, il porta : *de gueules, à la fasce d'argent.*

Tous les auteurs ne sont pas d'accord sur ce point.

Certains prétendent que ce même Léopold, afin de rallier les chrétiens mis en déroute par les Sarrasins, aurait combattu longtemps, tenant d'une main une épée et de l'autre une écharpe blanche qui fut teinte du sang des ennemis, après quoi il l'attacha au bout d'une lance et la montra aux fuyards qui, reprenant courage, firent des prodiges de valeur et gagnèrent une victoire que Léopold célébra en adoptant les armes que nous venons d'indiquer.

Cette version n'est guère probable et manque de vraisemblance ; car, puisque ce fut à la vue de l'écharpe rougie par le sang des Sarrasins que les chrétiens se rallièrent, il eût été alors beaucoup plus naturel que Léopold prît pour armes une fasce de gueules qu'une fasce d'argent.

Un héraldiste allemand soutient, peut-être est-il dans le vrai, que la fasce représente tout simplement le Danube qui traverse l'Autriche, « dont le terroir est rougeâtre, » ajoute-t-il.

Il faut généralement se défier des récits chevaleresques pour lesquels les écrivains d'autrefois avaient un faible tout particulier; ce sont bien souvent des fables entièrement dues à leur imagination, toujours portée vers les prouesses et les hauts faits militaires.

Même incertitude et mêmes fictions à l'égard du Portugal.

Alphonse Henriquez, petit-fils de Hugues Capet, prit pour armes : *d'argent, à cinq écussons d'azur en croix, chargés chacun de cinq besants d'argent en sautoir.*

On ne manque pas de raisons pour en expliquer le motif.

Alphonse vainquit cinq rois maures à la bataille d'Ourique, en 1139.

Il conquit cinq bannières dans cette bataille.

Il y reçut cinq plaies.

Il y vit Jésus-Christ montrant ses cinq plaies et combattant pour lui.

On n'a que l'embarras du choix.

Le roi de Castille, Alphonse le Noble, après la bataille de Muradat, eut le pavillon du miramolin pour sa part du butin, et il le représenta sous forme de château dans ses armes.

Les armes d'Aragon sont : *d'or, à quatre pals de gueules.*

Voici pourquoi :

Geoffroy le Velu, comte d'Aragon, à l'issue d'une bataille, vint tout sanglant se présenter devant le roi Charles le Chauve, pour lui annoncer la victoire ; le roi, trempant ses quatre doigts dans son sang, les porta sur son écu d'or, et les tirant de haut en bas, forma quatre pals de gueules.

La Galice porte un calice d'or, par allusion au mot Galice.

L'Andalousie : un roi sur son trône, symbole de la conquête de Séville sur les Maures, en 1248, par Ferdinand II.

Grenade : une grenade, allusion au nom qui fut

donné à la capitale de ce royaume, en raison de ce que ses maisons étaient nombreuses et pressées les unes contre les autres, comme le sont les grains d'une grenade.

Les armes de Jérusalem offrent une particularité singulière ; — tout le monde sait qu'en blason, on ne peut mettre couleur sur couleur, ni métal sur métal, — ces sortes d'armes sont dites à Enquerre, c'est-à-dire de nature à ce qu'on s'enquière du motif qui les a fait prendre.

Or, Godefroy de Bouillon savait cela, et désireux qu'on sût qu'il était bien le conquérant de la ville sainte, il composa une figure avec les lettres H et J, les deux premières de Hierusalem (ce que plus tard on a pris à tort pour une croix potencée), et la peignit d'or sur un fond d'argent, de manière à ce que les curieux ne manquassent pas de s'informer du pourquoi et d'apprendre ce qu'il désirait tant qu'on sût.

Il est aussi l'auteur des armes de Lorraine, proprement dite, qui sont : *d'or, à la bande de gueules, chargée de trois alérions d'argent.*

Ces alérions rappellent une prouesse du célèbre conquérant. En faisant le siége de Jérusalem, il décocha un jour une flèche qui dans son parcours enfila trois oiseaux qui se promenaient dans l'espace.

Ce coup de flèche est assez joli, et on s'explique que les ducs de Lorraine en aient voulu garder le souvenir, en mettant les trois oiseaux dans leurs armes.

Cependant l'anecdote est contestée, ou plutôt elle a une variante; la voici :

Il paraîtrait qu'une querelle s'étant engagée entre les Francs et les Lorrains au milieu d'une fête donnée par le roi Pépin le Bref, le duc Begon, qui remplissait l'office de sénéchal, se mit à la tête des gens de cuisine, les arma de pestels, de cuillers et de crochets, puis, saisissant lui-même une broche garnie de pluviers qui tournait paisiblement devant le feu, en attendant l'heure du dîner, il se jeta au milieu de la mêlée et y fit un grand carnage.

Ce serait donc en souvenir de ce fait culino-héroïque que les seigneurs de la maison de Lorraine auraient fait représenter la broche célèbre sur leur écu, en lui donnant toutefois une forme plus héraldique, c'est-à-dire en la métamorphosant en une bande, chargée de trois alérions faisant l'office de pluviers.

Pour notre compte, nous n'ajoutons qu'une très-médiocre foi à ces deux récits inventés par les héraldistes de jadis, bonnes gens qui imaginaient volontiers les contes les plus burlesques et les imposaient comme de grosses vérités, pour satisfaire la manie qu'ils avaient de vouloir tout expliquer.

Nous ne sommes pas le seul d'ailleurs à nier l'authenticité de l'origine de ces armoiries, puisque l'auteur de la *Science des armoiries* avance que les alérions qui chargent la bande du blason de Lorraine forment tout simplement l'anagramme du mot : Lorrain.

C'est possible ! — avec un *r* de moins toutefois ?

Les armes d'Écosse étaient : *d'or, au lion de gueules, enclos dans un double trescheur ou essonnier fleuronné et contre-fleuronné de gueules.*

Ces armes furent réglées par l'empereur Charlemagne qui permit à Achains, roi d'Écosse, d'enfermer le lion dans un trescheur pour perpétuer à la postérité la mémoire de l'alliance offensive et défensive qu'ils contractèrent ensemble envers tous autres princes et potentats aux environs de l'an 809.

Des armoiries souveraines, passons à celles des princes, des ducs, etc., pour arriver ensuite aux blasons des nobles.

IV

TRADITIONS ET FANTAISIES

Les ducs de Lorraine portaient les armoiries de Hongrie, de Naples, de Jérusalem, d'Anjou, de Gueldre, de Juliers, de Bar et enfin de Lorraine.

Nous avons parlé de celles de Jérusalem et de Lorraine.

L'écu de Bar montrait originairement deux truites, que Renard, fils puîné de Thierry Ier, trouva bon de changer en deux bars adossés et d'en faire ainsi une armoirie parlante.

Guillaume au Court nez, prince d'Orange, ne dédaignait pas ce genre de rébus, et affreusement camard, ce souverain prit pour armoiries, comme prince d'Orange, un *cornet*, dont avec un peu de bonne volonté on arrive à faire Cor...né ou Cour...nez. Il est vrai que cette facétie a jeté une certaine confusion sur le motif du sobriquet imposé par l'histoire à Guillaume au Court nez, et quelques étymologistes prétendent que son nom vient au contraire du cornet de ses armes.

A qui s'en rapporter ?

De Guillaume au Court nez la principauté d'Orange passa à la maison des Baux, qui portait : *de gueules, à une étoile à seize rais d'argent*, en souvenir de l'étoile qui guida les mages-rois vers l'étable dans laquelle venait de naître Jésus-Christ, et prétendait descendre de l'un de ces rois-mages.

A ce compte, elle serait presque aussi ancienne que la maison de Levis, qu'on prétend être alliée à celle de la Vierge et descendre de la tribu de Lévi.

On raconte qu'avant de partir pour la croisade, un Levis alla prier Dieu dans la chapelle de son castel afin qu'il bénît ses armes, et qu'agenouillé devant une statue de la Vierge, il la vit soudain s'animer et lui faire signe de se lever.

Quelque brave que fût Levis, il ne put réprimer un mouvement de crainte.

— Ne craignez rien, mon cousin, lui dit la statue.

Et elle lui expliqua sa généalogie.

On prête au roi Charles X un mot assez joli à son sujet.

Il était question devant lui de l'ancienneté de la famille Levis.

— Lors du déluge, fit le roi en souriant, et quand tout fut prêt dans l'arche, Noé se retourna et dit à un de ses enfants qui veillait à ce que rien de ce qui devait s'y réfugier ne manquât :

— N'oublie pas surtout les papiers de la famille Levis.

Les sirènes qui tiennent les armes de Naples rappellent la sirène Parthénope dont on voyait autrefois le tombeau dans la ville de ce nom.

La Westphalie porte un poulain dans ses armes par allusion au mot *phalen*, qui en vieux saxon signifie poulain. — C'est donc une armoirie parlante.

Les Médicis portaient : *d'or, à cinq tourteaux de*

gueules, surmontés d'un sixième d'azur, chargé de trois fleurs de lis d'or.

Voici ce qu'on raconte, relativement à l'origine de ces armoiries.

Évrard de Médicis, soutenant Charlemagne contre les Lombards, se mesura contre le géant Mugel; celui-ci leva sur lui sa massue de laquelle pendaient cinq gouttes de sang; Évrard évita le coup en présentant son écu, qui reçut le choc et l'empreinte des cinq gouttes qui formèrent les cinq tourteaux de gueules conservés par les descendants de Médicis, en souvenir de cette lutte.

C'est la version la plus accréditée; toutefois il en existe une autre beaucoup moins enjolivée.

Il paraîtrait que c'est tout simplement des pilules, faisant allusion au nom de Médicis, que représentent les cinq tourteaux de gueules.

Ce fut Louis XII qui octroya, en 1509, à Pierre de Médicis le sixième tourteau — ou pilule!

Les géants jouent un grand rôle dans l'histoire héraldique, et cela s'explique, si on songe que les armoiries, nées de la chevalerie, ont dû nécessairement se ressentir du goût du merveilleux, si général au moyen âge.

Les Sforza, qui possédèrent aussi le duché de Milan, portaient : *d'azur, au lion d'or, tenant de la patte gauche une pomme de coing.*

Mutio Attendulo, surnommé Sforza « pour son grand courage qui forçait tout, » prit le lion dans ses armes, comme image de force, et lui mit un coing dans la patte, par allusion au lieu de sa naissance.

Scala, duc de Parme, Lucques, etc., eut des aïeux, portant le prénom de Mâtin ; ce fut en souvenir d'eux qu'il se composa des armoiries : *de gueules, à l'échelle d'or en pal, tenue par deux chiens de même;* les chiens faisaient allusion aux mâtins et l'échelle au nom de Scala.

Les armes des Caraffa ont à peu près la même origine que celle des Médicis ; armes et nom viennent du fait suivant :

Un grand capitaine sortait d'un combat tout couvert de sang ; comme l'empereur d'Allemagne l'embrassait en le félicitant, il laissa sur sa cui=

rasse d'argent les marques de ses doigts et l'empereur lui dit : *Cara fe m'é la vostra cara fe.* — Depuis lors lui et ses descendants prirent le nom de Caraffa et pour armes : *de gueules, à trois fasces d'argent.*

Les Colonna portent : *de gueules, à la colonne d'argent.*

Nom et armes viennent de ce qu'un des leurs apporta la sainte colonne de Jérusalem, à ce que dit la tradition.

Un Ursin fit quelque chose d'approchant; il portait l'étendard de l'armée chrétienne, *bandé, d'or et de gueules;* sommé de se rendre, il s'enveloppa dans le drapeau et préféra mourir; les soldats l'enterrèrent ainsi enveloppé et couvrirent son tombeau de roses.

Les Ursins portent : *bandé d'argent et de gueules, au chef d'argent, chargé d'une rose de gueules,* etc.

Le premier qui fut désigné sous le nom d'Ursin était Mundilla, fils du prince Aldouin qui fut allaité par une ourse.

Les Michaeli de Venise portaient vingt et un besants sur des fasces d'argent, parce que le doge Dominico Michaeli se trouvant à la croisade sans argent, fit faire, pour payer ses soldats, des monnaies de cuir qu'il remboursa plus tard avec de la monnaie d'or.

La maison de Frangipani est originaire de Rome. Son nom lui vient, dit-on, de ce qu'un des siens distribua du pain aux pauvres dans un temps de grande disette. Ce fut aussi ce qui leur fit prendre pour armes : *d'azur, à deux mains d'argent, tenant un pain d'or, coupé en deux moitiés.* Muggio Frangipani servit en France dans les troupes du pape, sous le règne de Charles IX. Ce fut lui qui, au dire de la Chesnaye des Bois, « inventa la composition du parfum et des odeurs qui retiennent le nom de frangipane. »

Les chanoines comtes de Lyon portaient dans leurs armoiries un lion et un griffon affrontés, pour distinguer les deux juridictions temporelle et spirituelle ; le lion, surmonté d'une couronne de comte, marquait leur dignité de comte de

Lyon. Le griffon, par sa nature moitié aigle et moitié lion, désignait les deux parties de la ville, dont l'une était de l'Empire, qui a l'aigle pour symbole, et l'autre du Forez, dont un lion est la principale pièce des armoiries.

La famille de Chateaubriand portait originairement : *de gueules, semé de pommes de pin d'or.* A l'occasion du courage déployé par un de ses membres, Geoffroy V, à la bataille de Mansourah en 1250, le roi Louis IX l'autorisa à remplacer les pommes de pin par des fleurs de lis.

Le mari de la nourrice de Charles IX fut anobli et reçut pour armoiries : *Semé de France, à la* VACHE *d'argent, couronnée d'une couronne antique, accolée et clarinée, le tout de gueules.*

C'est ce qu'on peut appeler une armoirie symbolique.

La nourrice de Louis XV reçut aussi la noblesse, ainsi que son mari et toute sa lignée, et « en considération de ce que ladite dame avait eu le bonheur d'allaiter successivement deux fils de France qui furent tous deux dauphins, on lui donna pour armes : *coupé d'or et d'argent, chargé de deux fleurs de lis d'or, de deux dauphins adossés, avec une couronne royale posée sur le coupé.*

Au temps de Louis d'Outre-mer, le fils de Richard, duc de Normandie, fut confié au roi de France par les états normands, qui donnèrent à l'enfant pour gouverneur le chevalier Osmond.

Or, Osmond soupçonnant de mauvais desseins à l'égard du jeune héritier de la Normandie, songea à l'enlever ; un jour, profitant d'une partie de chasse, il mit le jeune duc dans une botte de fourrage, le prit en croupe, et s'enfuit avec lui chez le comte de Laon, parent de son pupille.

Depuis cette époque, et en mémoire de cet événement, la maison d'Osmond a porté sur son écu un cheval renversé d'hermine avec la devise : *nihil obstat*, pour exprimer la rapidité avec laquelle le chevalier Osmond sauva le prince normand.

Les comtes de Toulouse portaient jadis : *de gueules, au mouton d'argent.*

L'un d'eux, Torsin, investi par Charlemagne, en 810, du comté de Toulouse, se mit en guerre pour aller combattre les Maures ; et la tradition rapporte qu'un ange lui changea ses armoiries sans qu'il s'en aperçût, en substituant une croix d'or au mouton.

Personne ne vit l'ange, mais chacun put voir la croix, qui ne quitta plus le blason des comtes.

La maison de Béarn porte : *d'or, à deux vaches de gueules.*

« Ces vaches marquent possible l'ancien nom des Vaccéens, d'où les Béarnois se disaient originaires, ou l'abondance des pâturages qui entretiennent les vaches en quantité dans le Béarn : du moins, c'est faussement qu'on les tire du miracle des vaches qui traînèrent le corps de saint Volusian. » (Oronce Finé.)

L'origine de l'*hermine* de Bretagne n'est guère plus définie.

Selon Richard de Vassembourg, le roi Arthur combattant le géant Frollo, vit la sainte Vierge, qu'il avait invoquée, laisser tomber sur son écu un pan d'hermine par la vertu duquel il vainquit le terrible géant.

Ce fut pour prouver sa reconnaissance à la Vierge qu'il abandonna ses armoiries : *d'azur à treize couronnes*, pour celles *d'hermine plain*. C'était bien le moins qu'il pût faire.

Charles d'Anjou, qui fit la conquête de Naples, étant un jour à la chasse, fut renversé de cheval en luttant contre un ours. Le prince se trouvait ainsi en danger de mort; soudain un des officiers de sa suite, Horace Bonfigli, accourut à son secours, abattit d'un coup de sabre une patte de l'animal et donna sa monture au prince français, qui l'embrassa, et, par un jeu de mot gracieux, l'appela son *bon fils*.

En souvenir de ce fait, les descendants d'Horace, devenus : de Bonfils, échangèrent le griffon qu'ils portaient dans leurs armes, pour une patte d'ours, et leur blason devint : *de gueules, à une patte d'ours d'or, onglée de sable; au chef d'azur, chargé de trois fleurs de lis d'or*.

Les famille de Bouillane et de Richard doivent

leurs armoiries à un fait semblable. François Bouillane était un bûcheron de la forêt de Vercars, en Diois, qui avec Michel Richard, un autre bûcheron de la vallée de Quint, sauvèrent la vie au roi Louis XI, encore dauphin, un jour qu'il chassait à Vercars, et cela en abattant un ours blessé qui grimpait, à la poursuite du royal personnage, le long d'une roche où il s'était réfugié.

L'ours mort, le dauphin descendit de la roche, et après avoir embrassé Michel Richard et François Bouillane devant toute sa suite, il leur présenta son épée, en disant :

— A l'avenir, vous porterez le glaive en place de la cognée, et pour armes je vous octroie un écu *d'argent, à deux épées croisées*, à la poignée desquelles sera suspendue la patte emblématique de l'ours, que vous avez si vaillamment occis.

Ce blason fut simplifié plus tard, car les Bouillane portent : *d'azur, à la patte d'ours, mise en bande*.

Les armes anciennes des de Sèze étaient: *d'azur, à trois tours d'argent, rangées en fasce, et accom-*

pagnées en chef de deux étoiles d'or et d'un croissant de même en abîme.

Ce fut un membre de cette famille qui défendit Louis XVI. — En souvenir de ce service, le roi Louis XVIII autorisa en 1817 le comte de Sèze à substituer « au croissant et aux trois tours qui s'y trouvaient, des fleurs de lis sans nombre et une tour figurant la tour du Temple. »

La maison d'Orsanne portait jadis : *d'argent, au chevron de gueules.* — René d'Orsanne fut fait prisonnier à la bataille de Poitiers en 1356, et resta trois ans captif en Angleterre. Le roi Jean, pour perpétuer le souvenir de la valeur qu'avait déployée René, ajouta à ses armoiries un *chef d'azur, chargé de trois macles d'or*, emblème de trois anneaux de chaîne, en mémoire de ses trois années de captivité, et lui composa cette devise : *Spes captivos alit.*

La maison de Las Cases porte : *d'or, à la bande d'azur et à la bordure de gueules.* La tradition dit ceci : Un ancêtre de cette famille, compagnon d'armes d'Henry de Bourgogne, fondateur du royaume de Portugal, s'était vu confier, dans une bataille livrée aux Maures, la bannière de ce prince. Après avoir fait des prodiges de valeur, il ne lui resta plus, à l'issue du combat, qu'un lambeau de cette bannière. Henry voulut alors que ce glorieux débris, entouré d'une bordure rappelant le sang que son porte-étendard avait versé pour lui, devînt l'emblème héraldique du vaillant chevalier, auquel il donna pour cri de guerre, les mots : *Semper paratus*, et pour sa part de butin, les habitations (en portugais, *las casas*) des Maures qui se trouvaient en vue du champ de bataille. — Les armes, la devise et le nom de cette famille, viennent donc de là.

Jean d'Avesnes, fils de Marguerite de Flandre, ayant injurié sa mère, en présence du roi saint Louis, le monarque exigea qu'à l'avenir le lion qu'il portait dans ses armoiries fût privé de sa queue, de ses griffes et de sa langue. Ce lion ainsi mutilé devint en effet la principale pièce de l'écu de la maison d'Avesnes.

Le frère d'Herbert comte de Vermandois ayant

trahi la cause royale, fut obligé d'échanger ses armes, qui étaient : *échiqueté d'or et d'azur*, en celles : *de gueules, à la panthère d'argent ;* la panthère étant considérée comme le symbole de la félonie.

Les armes d'Auvergne sont : *d'or, au gonfanon de gueules, frangé de sinople*. Ce gonfanon est celui que porta Eustache, comte de Boulogne et frère de Godefroi de Bouillon, à la conquête de la terre sainte, — du moins les historiens auvergnats le prétendent.

La fée Mélusine, moitié femme et moitié serpent, que la poésie a immortalisée et dont la crédulité du vieux temps a pris l'histoire au sérieux, naquit à Lusignan, selon la chronique. Ce fut la raison qui fit prendre à la famille de Lusignan un cimier qui se compose d'une sirène sortant à mi-corps d'une cuve d'argent, cerclée d'azur, et qui d'une main arrange sa chevelure et de l'autre tient un miroir ovale.

Vers 1145, Henry le Libéral, comte de Champagne, était destiné à mourir sous les coups de trois gentilshommes qui avaient conspiré sa perte; les meurtriers attendaient leur victime dans un couloir obscur du palais. Une femme, nommée Anne Meunier, qui les vit et put entendre leurs paroles sinistres, n'écoutant que la voix de sa conscience — elle n'avait pas le temps nécessaire pour aller chercher de l'aide — appelle le chef du complot, l'éloigne de ses compagnons, et soudain, s'élançant sur lui, elle le terrasse, avant même qu'il ait pu se mettre en défense, puis elle attaque les deux autres, et malgré les blessures reçues dans la lutte, elle parvient à maintenir les assassins jusqu'à ce qu'on soit venu les arrêter.

En récompense de cette héroïque action, Anne Meunier, ainsi que son mari, Gérard de Langres, fut anoblie et dotée d'un écu : *d'azur, au lion d'or*, emblème de la force virile qu'elle avait déployée dans cette circonstance. — La devise *Vincit omnia* lui fut en outre concédée.

La famille d'Estaing porte les armes de France, avec un chef d'or pour brisure. Ces armes lui furent concédées par Philippe Auguste comme témoignage de sa reconnaissance envers Dieudonné d'Estaing, l'un des vingt-quatre gentilshommes commis à sa garde, en raison de ce qu'à la bataille de Bouvines, ce noble combattant s'était élancé au-devant d'un coup qui menaçait le roi, et lui avait ainsi sauvé la vie, au péril de la sienne.

L'empereur Robert, de la maison de Bavière, guerroyait de concert avec le duc Sforce, dont les drapeaux étaient ornés d'une pomme de coing garnie de ses feuilles. L'Empereur dit à ce sujet, que si cette pomme de coing était entre les pattes de son lion il ne ferait pas bon venir lui tirer des ongles; et dès le moment, la maison de Sforce ajouta un lion à ses armoiries.

Les ducs de Milan portaient : *d'argent, à une guivre d'azur, couronnée d'or, halissante de gueules*. Boniface, comte de Pavie, se maria à Blanche de Milan, et le premier enfant qu'il eut d'elle fut étranglé au berceau par un serpent d'une grosseur démesurée. Boniface était alors en guerre en lointain pays.

Lorsqu'il revint, sa douleur fut grande, et il

jura de venger la mort de son enfant, en faisant une chasse acharnée aux serpents.

Il trouva, tenant un autre enfant à la gueule, celui-là même qui avait mangé son fils ; il courut à lui : le serpent lâcha l'enfant, et à son tour menaça Boniface.

Mais celui-ci, prompt comme la foudre, coupa la bête en deux, ce qui n'empêcha pas le reptile de réunir les tronçons de son corps et de jeter tant de venin sur le comte, qu'il en faillit mourir.

Ce fut en souvenir de ce fait que les ducs de Milan portèrent une *guivre,* c'est-à-dire un serpent, de la gueule duquel sort un enfant.

Il existe une seconde version, mais elle est moins accréditée que la première.

Un Visconti, duc de Milan, nommé Othon, aurait défait un géant appelé Volux, qui se vantait d'être issu d'Alexandre le Grand, et qui, en raison de cette descendance, portait pour armoiries un serpent vomissant un enfant.

Le géant vaincu, le duc se serait approprié ses

armoiries, afin de perpétuer le souvenir de sa victoire.

Le lecteur est libre de choisir dans ces deux traditions celle qui lui plaira davantage.

La maison de Lopis, venue d'Espagne au comtat Venaissin, porte : *de gueules, au loup d'or, passant au pied d'un château d'argent*, avec cette devise : *Salutem ex inimicis nostris*.

Un loup avait dérobé quelque chose à la porte d'un château que le chef de cette maison possédait ; toute la famille s'apprêta à courir après le loup ravisseur ; mais en même temps une partie du château s'écroula, et sous les ruines furent ensevelis la plupart des gens qui se disposaient à sortir.

Ce fut à l'occasion de cet événement que le seigneur de Lopis se crut obligé de prendre le loup et le château dans ses armes.

Nous avouons ne guère comprendre la nécessité de rappeler aux générations futures le souvenir d'un semblable accident, — et n'en déplaise à l'historien qui a consigné le fait, il serait beaucoup plus raisonnable de supposer que le loup qui figure dans les armoiries de la famille de Lopis, rappelle tout simplement le nom de Lopis, par analogie.

Le blason de la famille des Baux est celui-ci : *de gueules, à l'étoile d'argent.* — Il a aussi une origine qui vient de loin.

Selon la tradition de cette maison rapportée dans la généalogie dressée par Joseph de la Pise, tradition confirmée par Nicolas Pavillon, son commentateur, et suivie par Nostradamus et par Ruffi, cette famille descendrait de Balthazar, l'un des trois rois-mages qui vinrent adorer Jésus-Christ dans la crèche de Bethléem, conduits par une étoile.

C'est cette étoile que les Baux ont pris pour armoirie.

Ceci nous amène à mentionner ici les armoiries de la famille de Jessé, qu'une autre tradition fait tenir par quelque branche au roi David, parce que, dans un chapitre de saint Mathieu, il est dit qu'Obed engendra Jessé, et que Jessé fut le père de David.

L'inventaire des actes qui furent produits par devant les commissaires chargés de la recherche de 1668, s'exprime de la sorte sur le fait des armoiries de cette famille et sur la descendance que nous venons d'indiquer :

« La ressemblance de nom et des armes que porte cette maison ont donné lieu à cette présomption, puisqu'elle porte *d'argent, au laurier naissant de sinople ; au chef d'azur, chargé de trois cœurs d'or.*

« Ce laurier est mystérieux, puisqu'on demeure d'accord que la Vierge est née de la racine de Jessé, qu'elle a porté dans ses sacrés flancs, comme dans un champ d'argent, à cause de sa pureté et de sa candeur, le Roi des rois, le vainqueur des vainqueurs, figuré par un laurier naissant, comme le symbole de la victoire qu'il a remportée sur le péché, comme le seul arbre garanti de la foudre, de la tache d'origine.

« Il est de sinople, à cause des blessures et meurtrissures qu'il reçut sur son sacré corps dans la Passion, qui le rendirent tellement livide qu'il semblait avoir du rapport avec la couleur du sinople.

« Les trois cœurs sont le symbole de la Trinité, qui se trouve en quelque manière accomplie, selon le langage des saints Pères, par le ministère de la sacrée Vierge issue par la Providence de la maison de Jessé, afin que ce que les prophètes avaient si souvent chanté, qu'il naîtrait une vierge de la maison de Jessé, trouvât en elle son dernier accomplissement.

« Ils sont d'or, parce que comme c'est la plus pure substance élémentaire qui se forme dans les entrailles de la terre, par le plus pur rayon du soleil, de même cet adorable mystère de la Trinité, qui est le chef-d'œuvre de la main de Dieu, se trouve formé dans les entrailles de la sainte Vierge par les plus pures irradiations de ce soleil éternel de justice.

« Le chef est d'azur, comme étant un ouvrage tout céleste.

« Le champ d'argent, à cause de l'immaculée conception de la sainte Vierge figurée par la blancheur de ce métal.

« C'est la raison pour laquelle la race du produisant a voulu porter dans ses armoiries ce laurier naissant, ces trois cœurs d'or, ce chef d'azur et le champ d'argent, comme une marque et un signe presque assurés de l'honneur et de la gloire qu'ils ont de tenir à cette illustre et éclatante race de Jessé, qui a contribué à la naissance de ce laurier mystérieux, et une prérogative, presque singulière à tous ceux qui ont porté ce beau nom de Jessé.

« On a remarqué, depuis cent soixante-seize ans, que pas un de cette famille n'est décédé subitement sans avoir été aidé et assisté des sacrements de l'Église, par une protection singulière de la sainte Vierge; ce qui contribue beaucoup à persuader l'opinion publique, que cette race tient en quelque façon à cette grande race de Jessé, la plus noble, la plus glorieuse et la plus connue du monde. »

Racine était d'une famille noble.

« Je sais, disait-il dans une lettre qu'il écrivait à sa sœur, madame Rivière, que les armes de notre famille sont un rat et un cygne, dont j'avois seulement gardé le cygne parce que le rat me choquoit; mais je ne sais point les couleurs du chevron, sur lequel grimpe le rat; j'ai ouï dire que feu notre grand-père avoit fait un procès au peintre qui avoit peint les vitres de sa maison, à cause que ce peintre, au lieu d'un rat, avoit mis un sanglier. »

Le père de Racine connaissait peut-être l'opinion de l'héraldiste Baron, que nous avons rapportée plus haut, touchant le symbolisme du sanglier, et dans ce cas il était bien naturel qu'il fût mécontent du peintre, comme l'avait été le roi de Bohême à l'occasion de son lion sans queue!

La famille de Porry, de Provence, descend de Othon Porro, chevalier banneret et conseiller de l'empereur Frédéric Ier Barberousse, qu'il suivit à la croisade de 1189.

En défendant l'empereur Othon, Porro fut grièvement blessé et tomba à ses pieds, baigné dans son sang. Frédéric trempa son doigt dans le sang de son sauveur, et traça sur son bouclier trois *bandes* en lui donnant le droit de porter l'aigle impériale, et y ajoutant la devise : *Virtutis præmium*.

Plus tard, une branche de la même famille prit des armes spéciales et introduisit dans son écusson un poireau, que quelques héraldistes appellent un oignon déraciné.

En 1390, les oignons ou poireaux avaient multiplié ; sur le tombeau d'Étienne Porro on en compte trois dans les armes. Il est inutile d'ajouter que la présence de ce légume est due à la similitude du nom et forme des armes parlantes.

La famille de Lannoy en Picardie porte *d'argent, à dix annelets de gueules*, 3,3,3, 1; ces annelets figurant les anneaux d'une chaîne qui fut donnée par Louis XI à Raoul de Lannoy, qui s'était bravement distingué dans une bataille. Le roi lui avait dit, en lui remettant cette chaîne d'or :

— Par la Pâque-Dieu, mon ami, vous êtes trop furieux en un combat ; il vous faut enchaisner, car je ne veux point vous perdre, désirant me servir de vous plus d'une fois.

Ce fut en souvenir du royal cadeau et des paroles

qui l'accompagnaient, que Raoul de Lannoy et ses descendants portèrent des annelets.

Les Réginald de Châtillon portent : *d'or, à trois têtes humaines arrachées de gueules.* Ce blason n'est pas tout à fait à la louange de celui qui le choisit de son plein gré, car il paraît que Réginald de Châtillon, qui prit part à la croisade, s'empara d'un château dont il fit un repaire de brigands ; — de sa propre main il trancha la tête à trois émirs musulmans. — Ce furent les têtes de ses victimes qu'il introduisit dans son écusson.

La famille Legendre de Saint-Aubin blasonne *d'azur, à la fasce d'argent, accompagnée de trois bustes de filles de même, chevelées d'or.* — Elles sont une allusion au proverbe : « Qui a des filles aura des gendres. »

La famille Anjorran de la Villatte, en Berry, a pour armes : *d'azur, à trois lis au naturel nourris.*

Ces armes, ainsi que le nom d'Anjorran, forment le fond d'une chronique assez curieuse.

Il paraît que François Ier, se trouvant à la chasse, s'en vint demander l'hospitalité au château de la

Villatte, dont les maîtres, entourés de leurs vassaux, entendaient alors la sainte messe.

Le roi fut conduit à la chapelle.

Mais à sa vue, personne, — gentilshommes ou manants, ne prit garde à lui, tant chacun était absorbé par le soin d'écouter religieusement la parole du prêtre.

Le roi fut frappé de cette piété peu commune, et ne put s'empêcher de s'écrier avec admiration :

— Ce sont tous des anges orants (priant, *orare*).

L'office fini, François Ier embrassa le seigneur et lui répéta :

— Oui, vous êtes un ange orant.

Puis il ajouta :

— Et de ce jour vous en aurez le nom, et vos armes attesteront votre piété ; elles seront *d'azur*, couleur du ciel, dont le séjour vous est acquis ; des *lis* témoigneront de votre foi, de votre candeur et de votre dévouement ; — et ils seront *nourris*, car je les aurai moi-même coupés par le bas pour vous les donner.

Les armes de la maison de Caasbéck en Flandre :

d'argent, à la croix de gueules, sommée d'un croissant de même, sont légendaires.

Selon la tradition, un jeune homme, fils d'un marchand drapier, aimait la fille d'un certain comte de Caasbeck, à laquelle il avait vendu des étoffes. La mère de la demoiselle ayant eu connaissance de cet amour, ne s'en formalisa pas, mais conseilla au jeune homme d'acquérir la chevalerie et de la fortune, après quoi, elle le présenterait à son époux.

L'amoureux prit la croix en 1202, se battit bravement à l'assaut de Constantinople, sous les yeux du comte de Flandre, auquel il fit un rempart de son corps.

Le comte l'anoblit en récompense de ce service, et, trempant le doigt dans le sang qui coulait des blessures qu'il avait reçues pour préserver la vie de son seigneur, il en traça une croix et un croissant sur son bouclier.

— Voilà tes armes, lui dit-il, et à bientôt l'ordre de la chevalerie.

Non-seulement il reçut l'ordre, mais encore il

lui fut concédé, à titre de comté, autant de terre qu'il pourrait en parcourir en chevauchant quatre heures durant.

Ce fut alors qu'il put épouser la fille du comte de Caasbeck dont il prit le nom féodal, et qu'il porta les armoiries si noblement gagnées.

Les Gramont, duc de Caderousse, portent, *d'azur, à trois têtes de reine de carnation, couronnées d'or à l'antique.*

Suivant la tradition, ces armes furent concédées à un membre de cette famille, pour avoir tué en duel un géant qui faisait la guerre à trois sœurs, filles et héritières d'un roi d'Écosse.

La maison de Pons de Thors en Saintonge, porte : *d'argent, à la fasce bandée d'or et de gueules de six pièces.*

Les trois bandes d'or représentent trois ponts, et les trois bandes de gueules les eaux de la Charente teintes du sang des ennemis :

> Puis vint le brave Pons qui, d'un bras sans repos,
> Sur trois ponts de Charente arrêta tous les Goths.
> Il porte le beau nom de ce fait mémorable
> Pour en rendre à jamais le souvenir durable,

Et, comme un fier vainqueur, encore que vaincu,
Il ose de trois ponts enrichir son écu.

La maison de Félix du Muy d'Aix, en Provence, maison originaire de Savoie, porte : *de gueules, à la bande d'argent chargée de trois F de sable*. Le comté de Savoie accorda les F à cette famille, pour la récompenser des services qu'elle lui avait rendus pendant la guerre civile. Ces F signifiant *felices fuerunt fideles*. — Les Félix furent fidèles.

La famille Coleoni ou Coleone est originaire de Bergame, elle a changé ses armes et son nom ; il était primitivement Coglioni.

Elle portait des armoiries parlantes, ainsi que le constate un armorial manuscrit qui existait en 1848, à la bibliothèque publique de la ville de Laon. Ces armes étaient : *Coupé, d'argent et de gueules, à trois paires de testicules percés de l'un en l'autre.*

Plus tard, la maison de Coleone a substitué aux trois pièces principales de ses armes trois cœurs de même émail.

Il est présumable que ce singulier blason n'a pas été choisi uniquement comme représentation du nom, et il est fort probable qu'il a été pris en souvenir de quelque mutilation opérée sur un membre de la famille soit pendant une croisade, soit pendant une des guerres intestines qui se sont répétées si souvent en Italie.

Mais nous venons de parler d'armes parlantes, le moment est venu de nous occuper spécialement d'elles.

V

LES RÉBUS DU BLASON

Les armoiries parlantes — rébus d'un goût douteux — paraissent être venues du besoin qu'éprouvaient certains gentilshommes d'écrire ou parler leur nom à l'aide de signes de nature à le rappeler.

C'est au douzième siècle qu'il faut remonter pour trouver les premiers essais de ce genre, auxquels semble avoir présidé le roi Louis VII, prenant pour armoiries un lys pouvant, avec un peu de bonne volonté, offrir une vague analogie avec le nom Loys.

Pour notre compte, nous considérons comme une grande puérilité ce rapprochement forcé de choses et de noms dont l'appellation offre des points de ressemblance.

On rencontre des armes *parlantes* de différentes façons :

Les unes le sont par les premières lettres ou par une seule syllabe du nom : telles sont celles de la famille de Zeddes, en Champagne, qui porte : *d'or, au Z de gueules.*

D'autres, par des objets animés ou inanimés de leur nom : telles sont les armes des familles dont les noms suivent, et que nous prenons çà et là, dans le nombre considérable de celles qui portent des armes parlantes.

On va voir qu'il n'est pas nécessaire d'être profondément versé dans la connaissance de la langue héraldique, pour expliquer la signification de ces armoiries :

Aux Cousteaux. — *De gueules, à trois couteaux d'argent garnis d'or.*

D'Abeille. — *D'azur, à une ruche d'or, accompagnée de trois abeilles de même.*

De l'Aigle. — *D'or, à l'aigle éployée de sable.*

D'Aigneaux. — *D'azur, à trois agneaux d'argent.*

D'Ailly. — *De gueules, à deux branches d'aillier de pourpre.*

De Berbis. — *D'azur, au chevron d'or, accompagné d'une brebis d'argent.*

De Bœuf. — *De sable, à une tête de bœuf d'argent.*

De Bourdon. — *De sable, à trois bourdons de pèlerin d'or.*

De Caille. — *D'azur, à trois cailles d'or en chef.*

De Canard. — *D'azur, au canard d'argent.*

De Carel. — *D'hermine, à trois carreaux d'azur.*

De Castel. — *D'azur, à un château d'argent.*

De Clappier. — *De gueules, au clappier croisé d'argent.*

Le Chat. — *De sable, à un chat effarouché d'argent.*

De Corbeau. — *D'argent, au corbeau de sable.*

Dauphin. — *D'or, au dauphin pamé d'azur.*

De Dragon. — *D'azur, au dragon ailé d'or.*

Dupont. — *D'azur, au pont de trois arches d'or maçonné de sable.*

L'Épervier. — *D'azur, à l'épervier d'argent.*

D'Épinay. — *De sinople, à cinq buissons d'épine d'argent.*

D'Espaigne. — *D'azur, au peigne d'argent.*

Faucon de la Grave. — *D'azur, au faucon perché sur une divise, le tout d'or.*

De Faug. — *D'azur, à trois faux d'argent, emmanchées d'or.*

De Faverolles. — *D'azur, à une tige de trois cosses de fèves d'or.*

Fontaine de Cramayella. — *D'argent, à la fontaine de sable, à trois jets de sinople.*

De Glé. — *D'or à cinq glés (rats) de gueules en sautoir.*

Du Goujon. — *D'azur, à trois goujons d'or, l'un sur l'autre.*

De Gourdon. — *D'azur, au chevron d'argent accompagné de trois gourdes d'or.*

De la Grue. — *D'azur, à la grue d'argent.*

De l'Hamaïde. — *D'or, à trois hamaïdes de gueules.*

Hérisson. — *D'argent, à trois hérissons de sable.*

De Hercé. — *D'azur, à trois herses d'or.*

Du Houx. — *D'argent, à six feuilles de houx de sinople.*

Huchet de Loyat. — *D'argent, à trois huchets de sable.*

Juchereau de Saint-Denys. — *De gueules, à une tête de saint Denis d'argent.*

Julienne. — *D'azur, au chevron d'or accompagné de trois tiges de julienne d'argent.*

Lamour. — *D'azur, à trois lacs d'amour d'argent.*

Lancelot. — *D'azur, à deux lances d'or en sautoir.*

Lenfant-Dieu. — *D'azur, à un Enfant-Jésus, les mains jointes, d'argent.*

De Lescouble. — *De sable, à l'escouble (oiseau) d'argent.*

De Lespine. — *D'or, à une épine à trois racines de sinople.*

De Maillet. — *D'argent, à trois maillets de gueules.*

Maison. — *D'azur, à la maison d'argent ouverte et maçonnée de sable.*

De Marc. — *D'azur, à trois marcs avec leurs anses d'or.*

De Nattes. — *De gueules, à trois nattes d'or.*

Olivier du Pavillon. — *D'argent, à l'olivier arraché de sinople, terrassé de même.*

D'Orgemont. — *D'azur, à trois épis d'orge d'or, en pal.*

De Pascal. — *D'azur, à un agneau pascal d'argent.*

De Piédeloup. — *D'or, à trois pieds de loup de sable.*

Piédevache. — *D'argent, à trois pieds de vache de gueules, la corne d'or.*

De Piédoie. — *D'azur, à trois pieds d'oie d'argent.*

Pigeon. — *D'azur, à trois pigeons d'argent.*

Rivière de Vauguérin. — *D'or, à deux rivières au naturel.*

Rossignol. — *D'azur, au chevron d'or, accompagné de trois rossignols d'argent.*

De la Roue. — *D'azur, à la roue de six rayons d'or.*

Rougeul. — *D'azur, au rouget d'argent.*

Rouxel. — *D'azur, à trois roussettes d'argent.*

De Saint-Hermine. — *D'hermine plain.*

De Sainte-Croix de Pagny. — *D'or, à une croix de sinople.*

Le Sanglier. — *D'or, au sanglier furieux de sable.*

Taillemont. — *D'azur, au mont de trois coupeaux de sable.*

De la Tour. — *D'argent, à une tour de sable.*

Des Trappes. — *D'argent, au chevron de gueules, accompagné de trois chausse-trapes de sable.*

De la Treille. — *De sinople, au cep de vigne fruité de gueules, rampant autour d'un échalas d'argent.*

De la Vache. — *D'argent, à la vache de gueules, au chef d'azur.*

De Vieux-Chatel. — *De gueules, à un château à trois tours d'argent, coulissé de sable.*

De la Vigne. — *D'argent, au cep de vigne serpentant de sinople, mis en fasce et chargé de trois grappes de raisin de pourpre.*

De Voland. — *D'argent, au cerf-volant d'azur.*

Quelquefois ce n'est qu'un rébus par approximation ; nous pouvons citer par exemple la famille de Maquerel qui porte : *d'azur, à trois maquereaux d'or ;* de Santeul, *d'azur, à la tête d'argus d'or ;* de Machefert, *de sable, à trois fers de cheval d'argent ;* d'Escumont, *de sinople, à une écumoire d'or ;* de Goret, *d'azur, à trois hures de sable ;* du Bocage, *d'azur, à trois arbres arrachés d'argent ;* de Seglières, *d'azur, à trois épis de seigle d'or ;* d'Orfeuille, *d'azur, à trois feuilles de chêne d'or,* etc.

Voici de véritables rébus : de Tranchemer, *de gueules, coupé d'une mer d'argent, un coutelas plongé dans la mer ;* de l'Enfant-Dieu, *d'azur, à un enfant Jésus, les mains jointes d'argent.*

Les armoiries allusives rappellent le nom par allusions plus ou moins directes ; nous citerons les familles de Bec : *de gueules, à trois bécasses d'or ;*

de Foin : *d'azur, à la gerbe d'or liée de même ;*
Ouvreleuil d'Artinville : *d'argent, à la bande d'azur, chargée en chef d'un soleil et en pointe d'un œil humain, ajouré d'or ;* de Vin : *d'argent, à trois grappes de raisin de pourpre tigées de sinople.*

Les armoiries des corporations offrent généralement des figures empruntées aux divers outils relatifs aux métiers qu'elles symbolisent ; ainsi une corporation de bouchers portait : *de gueules, au fusil de boucher en pal d'argent ;* celle des chandeliers de Lyon portait : *de gueules, à un moule à chandelles d'or, surmonté de neuf chandelles d'argent, enfilées à un bâton d'or.* Les épiciers avaient un vaisseau dans leurs armes ; les hôteliers, un château ; les selliers, une selle de cheval ; les serruriers, deux clefs en sautoir ; les tailleurs, une paire de ciseaux ; les tondeurs de drap, une paire de forces ; les vitriers, trois diamants, etc.

La corporation des apothicaires d'Arles portait *de gueules, à la seringue d'argent.*

Voilà au moins une enseigne franchement arborée !

D'Hozier fut, on le sait, garde de l'*Armorial général* dressé par ordre du roi par généralités, et qui eut pour résultat de faire entrer d'assez fortes sommes dans les caisses de l'État, chaque armoirie étant enregistrée au droit de 20 francs, sauf celles contenant des fleurs de lis, qui étaient frappées du double droit.

La noblesse de province fit donc enregistrer ses armoiries ; les bourgeois imitèrent les nobles, et furent imités par les communautés religieuses et les corporations de métiers, et par les villes qui toutes, à l'envi, demandèrent et obtinrent des armoiries.

Cependant, c'est encore un préjugé très-accrédité de croire que sous l'ancien régime la possession des armoiries était exclusivement réservée au corps de la noblesse.

Qu'on ouvre l'*Armorial général*, et on trouvera décrites, à côté des blasons des familles titrées, les armoiries des plus vulgaires bourgeois; des gens de métiers, des apothicaires, des hôteliers, des passementiers, des cordonniers, se sont fait délivrer sans conteste des armoiries de couleurs éclatantes, qu'ils avaient — comme tous autres — le droit de faire graver sur leur cachet ou sur leur vaisselle d'étain.

Une seule marque distingue les armoiries des nobles et celles des bourgeois.

Celle du timbre, — c'est-à-dire l'objet qui surmonte l'armoirie : — couronne, casque ou mortier.

Toute armoirie timbrée appartient à un noble.

Tout blason non timbré est à un bourgeois.

La libéralité des commissaires chargés de la vérification et de la délivrance des armoiries fut si grande, qu'on en donna même aux gens qui n'en demandaient pas.

Aussi eût-il fallu à d'Hozier une mémoire plus que prodigieuse, pour se souvenir des armes de chacun, ainsi que le faisait son père, au dire de Tallemand des Réaux, qui prétend que lorsque Louis XIV voyait le carrosse de quelque nouveau venu à la cour entrer à Versailles, il appelait d'Hozier et lui demandait :

— Connais-tu ces armes-là ?

— Non, Sire, répondait parfois le juge d'armes.

— Mauvais signe pour sa noblesse, disait le roi.

Nous venons de dire que l'*Armorial général* contenait même les armoiries de ceux qui les avaient reçues d'office, mais, par contre, d'Hozier ne manqua pas de punir à sa façon ceux qui avaient négligé de se conformer à l'édit.

Un gentilhomme du Languedoc, Guillaume de Miculet, n'ayant pas fait, dans le temps prescrit, la production exigée, d'Hozier lui donna pour armoiries : *d'or, à deux chats appointés de sable*, par allusion à son nom de *Miculet*.

Cette attribution arbitraire d'armoiries, faite sans l'agrément des parties intéressées, est la principale cause de la différence qu'on rencontre parfois entre les armes portées par les divers membres des familles nobles, et qui sont celles de leurs ancêtres, et les blasons qui figurent dans la partie supplémentaire de l'*Armorial général*.

Ce fut ce qui arriva à l'une des meilleures familles du Dauphiné, celle de Rous de la Mazelière, descendante de l'illustre maison des Rossi de Parme, qui se vit gratifiée, en 1696, d'armes nouvelles. Elle eut le soin de les laisser de côté et le bon goût de s'en tenir à celles que le temps avait rendues plusieurs fois séculaires.

Les armoiries tiennent une grande place dans l'histoire de la noblesse provinciale ; religieusement conservées par leurs possesseurs, si elles ne servaient pas à décorer les panneaux des carrosses de gala qui venaient avec fracas se ranger dans les cours de Versailles, elles donnaient aux demeures seigneuriales, dont elles ornaient l'entrée et les principales pièces, un caractère tout spécial.

Elles surmontaient le siége sur lequel s'asseyait le châtelain, lorsqu'il exerçait son droit de haute et basse justice, une justice dont on contesta la forme, justice toute paternelle cependant, et qui avait au moins le mérite d'être expéditive.

Mais c'était un droit féodal, et par cela même il ne pouvait qu'être arbitraire, injuste et ridicule, comme le fameux droit du seigneur que beaucoup d'excellentes gens ne connaissent que par ouï-dire ou par la tradition rapportée par les pièces de l'Opéra-Comique.

La ressemblance de certaines armoiries a parfois donné naissance à de longs débats entre les familles, et Étienne Pasquier raconte plaisamment le fait de deux gentilshommes plaidant pour la possession d'un blason distinctif; chacun d'eux portait trois têtes de bœuf sur son écu, et donnait d'excellentes raisons pour les conserver.

Le juge les accorda, en décidant que l'un porterait trois têtes de bœuf et l'autre trois têtes de vache.

Ils gardèrent l'un et l'autre leur écu et s'en retournèrent contents.

VI

DES SUPPORTS ET DES DEVISES

Si les armoiries sont quelquefois parlantes, les supports qui les accompagnent le sont également. — La famille des Ursins fait supporter ses armes par deux ours, par allusion à leur nom ; mais plus généralement ils sont de pure fantaisie quand ils n'ont pas une raison d'être, comme le zouave et l'highlander qui soutiennent l'écu du duc de Malakoff, et qui symbolisent l'alliance franco-anglaise pendant la guerre de Crimée.

Les nouveaux anoblis surmontent leurs armoiries d'un casque, la visière close et abattue, pour montrer qu'ils n'ont rien à voir sur les actions d'autrui ni rien à commander, et doivent obéir avec silence, ayant la bouche close aussi bien que les yeux.

L'ancienne noblesse allemande se servait des casques pour distinguer les fiefs, et afin d'indiquer le nombre de voix auquel le gentilhomme avait droit dans les cercles où il avait l'entrée ; ainsi, la maison de Brunswick-Wolfenbuttel en portait jusqu'à cinq.

Les cimiers qui surmontent les casques ne sont pas d'un usage bien général en France ; en Allemagne et en Angleterre, ils figurent au-dessus de presque toutes les armoiries.

Le duc de Bretagne et d'autres princes souverains portaient des cornes pour cimier, la corne ayant toujours été regardée comme un signe de puissance.

Le lézard n'est pas commun en armoiries, cependant on le trouve assez fréquemment employé comme cimier dans les armoiries irlandaises.

Suivant de vieilles légendes, Colgan, roi de Momonie, vint au monde tenant un lézard dans la main ; la postérité adopta le symbole du lézard avec la devise : *Meum est regnare;* et plusieurs grandes familles d'Irlande tinrent à honneur de porter un lézard sur leur écu ou dans leur cimier.

La devise joue un grand rôle dans l'art héraldique ; — elles étaient en grand honneur à la cour de Charles VII, grand amateur de calembours et de rébus ; et à cette époque il n'était guère d'armoirie qui ne fût accompagnée d'une devise exprimant une maxime, une sentence ou une allusion.

Quelques grandes maisons de France prirent des devises italiennes lors de la conquête du royaume de Naples par Charles VIII.

Les familles illustres de l'Angleterre en adoptèrent volontiers de françaises ; il était jadis d'usage chez nos voisins d'outre-mer, lorsqu'un chef de famille mourait, que les volets de ses fenêtres restassent fermés pendant une année, et au-dessus de la porte de la maison on exposait ses armes et une devise composée pour la circonstance, aux lieu et place de sa devise ordinaire.

Cette précaution était bonne, car, bien qu'un auteur italien ait avancé que les devises étaient le langage des héros et les ait considérées comme étant la philosophie des gentilshommes, il en est certaines qui, loin d'offrir un enseignement utile, une pensée généreuse et profonde, ne sont que l'expression d'une vanité démesurée, un jeu de mots puéril ou une plaisanterie d'un goût douteux.

Nous allons mettre sous les yeux du lecteur quelques-unes de celles qui se distinguent par le sentiment chevaleresque qui les dicte, par leur allure prétentieuse, ou enfin par leur originalité.

Commençons par celles qui paraissent n'avoir été composées que pour rappeler de près ou de loin le nom de leur possesseur.

La devise de la famille d'Arces est celle-ci : *Le tronc est vert et les feuilles sont arces.* — Celle des Grenu : *O Dieu ! tu me vois grenu.* — *Je suis bonne trempe*, appartient à la famille d'Assier. — *Maille à maille se fait l'auberjon*, famille Auberjon de Murinais. — Bataille, *bataille pour Dieu.* — Famille Bataille de Bellassye, *bonne et belle assez.* — De Beaujeu, *à tout venant beau jeu.* — Du Blé, *en tout temps du blé.* — Blanc, *en tout candeur.* — Bonfils de la Peyrouse, *tu es un bon fils.* — De Bousies, *Bousies au bon fils.* — De Bout, *de bout en bout.* — De Butet, *la vertu mon but est.* — Du Champ, *tout bien du champ.* — Chancel de la Grange, *Chancel ne chancelle mie.* — Le Chat de Kersaint, *mauvais chat, mauvais rat.* — De Coursant, *cours sans cesse.* — De Dèsimieu, *il n'est nul qui dise mieux.* — De Flotte de Saint-Martin, *tout flotte.* — Gay, *en tout temps gay.* — De Granson, *à petite cloche grand son.* — De l'Enfernat, *qui fait bien l'enfer n'a.* — De Loras, *un jour l'auras.* — De Mesinay, *de rien je ne m'esmaye.* — De Mont-Jouet, *Dieu seul mon joug est.* — De Portier, *de tous châteaux portier.* — De Serpillon, *cerf, pie, lion.* — De Rozen, *malgré la tour les roses fleuriront.* — De Taffin, *pense à ta fin.* — De Thiennes, *tienne quoi qu'advienne.* — Toustain de Richebourg, *tous pleins de sang.* — De Favyn Mypont, *my pont difficile à passer.*

Il y a des devises qui n'indiquent pas précisément l'humilité, d'autres dont l'allure est des plus chevaleresques.

Tout le monde connaît celle des Coucy : *Ne suis roi ni prince aussy, je suis le sire de Coucy;* celle des Rohan, la même avec une variante : *Roi je ne peux, duc je ne veux, Rohan je suis !* et celle des Rochechouart : *Avant que la mer fût au monde, les Rochechouart portaient des ondes !* de Bayard : *Sans peur et sans reproche.*

Les Blonay ont pour devise : *pur comme l'or, prompt comme l'éclair;* de Boissat, *ny regret du passé ny peur de l'avenir;* d'Andrée de Renouad, *je croîs pour être utile;* Arthuys, *franc au roi suis;* d'Aubuisson, *l'honneur est mon seul guide;* de Benevans, *jamais arrière;* Bréhan, *foi de Bréhan, mieux vaut qu'argent;* de Chateaubriand, *mon sang teint les bannières de France;* Chevillard, *je rapporte fidèlement ce que je trouve;* de Créquy, *nul ne s'y frotte;* de Foix, *touches-y si tu l'oses;* de Goulaine, *à celui-ci, à celui-là, je donne la couronne;* de Hamel Bellenglise, *qui s'y frotte s'y pique;* Henry de la Motte, *toujours en ris, jamais en pleurs;* Houx de Vioménil, *toujours fidèle à l'honneur;* de la Baume

Montrevel, *l'honneur guide mes pas;* de Lafont, *je résonne jusque dans les cieux;* de Liancourt, *Liancourt invincible;* de Loftus, *prends-moi tel que je suis;* de Luxembourg, *j'y entrerai si le soleil y entre;* Alexandre d'Hanaches, *partout et toujours fidèle à Dieu et au roi;* de Lyobard, *pensez-y, belles, fiez-vous-y;* Machéco de Prémeaux, *j'ai bon bec et bon ongle;* O'Kouke de Gousen, *prou de pis, peu de pairs, point de plus;* Langlois de Septenville, *à lui seul de fixer le soleil;* de Vançay, *la vertu en nous a l'âge devancé;* de Vaudray, *j'ai valu, vaux et vaudrai.*

Après l'assassinat de son mari, en 1407, Valenti de Visconti, duchesse d'Orléans, se condamna à un veuvage perpétuel et adopta la devise : *rien ne m'est plus, plus ne m'est rien.*

Il y a encore des devises qui ne se composent que de lettres initiales; ainsi celle de la maison d'Autriche, *A E I O U*, ce qui signifie : *Austriæ est imperare orbi universo.*

Certaines devises ont un sens caché qui les rend inintelligibles. Les Bassabat de Pourdiac ont pour devise : *il m'est fidèle ;* Borel d'Hauterive, *jusques où ?* Boyer, *s'il vient à point, m'en souviendra ;* de Brimeu, *quand sera-ce ?* Coligny, *je les éprouve tous ;* Czartoryski, *le jour viendra !*

Voici des devises qui sont une déclaration nette de principes :

Acland, famille anglaise, a pour devise : *inébranlable ;* d'Ambly, *pour la gloire ;* Borel de Mauregnol, *vaincre ou mourir ;* de Mautry, *loyal et gay ;* Briant de Laubrière, *sans détour ;* de Cassard, *sans venin ;* Chatterton, *loyal à mort ;* de Clugny, *généreux et fidèle ;* de Coetlosquet, *franc et loyal ;* du Cusack, *en Dieu est mon espoir ;* Dessey du Leiris, *preux et courtois ;* Dorcières, *franc comme l'or ;* Gay, *en tout temps gay ;* de la Forêt de Goarven, *point gesnant, point gesné ;* de la Forey, *loyal ou mort ;* de la Mothe, *tout ou rien ;* de Raigecourt, *inconciessible ;* de Ruolz, *toujours prêt.*

D'autres expriment une sentence ou donnent un conseil.

De Behague, *bon guet chasse male avanture ;* de Bongars, *bon sang ne faille ;* Boscawen, *pa-*

tience passe science ; Boywer, *contentement passe richesse ;* Cardevac d'Avrincourt, *mieux vaut mourir que ternir ;* de Chabeu, *tant vaut l'homme tant vaut la terre ;* de Chivallet, *liberté aiguillonne ;* Cœur, *à cœur vaillant, rien d'impossible ;* de Gléon, *assez prie qui se complainte ;* d'Hautefort, *force ne peut vaincre peine ;* de Kératry, *gens de bien passent partout ;* de Langlade, *faisons bien, laissons dire ;* Bentinck, *craignez honte ;* Bengy de Puy-Vallée, *bien faire, et laisser dire ;* Blanc, *tout vient à point ;* de Carné, *plutôt rompre que plier ;* de Crillon, *fais ton devoir ;* la comtesse du Barry, *boutez en avant ;* de Masserie, *celui a le cœur dolent qui doit mourir et ne sait quand ;* de Médina, *le roi l'emporte sur le sang.*

Citons pour terminer, les Beaumanoir, qui, après le combat des Trente, prirent pour devise ces mots, adressés à l'un des leurs qui se plaignait de la soif : *Bois ton sang, Beaumanoir.*

VII

DE QUELQUES ARMOIRIES MUNICIPALES

Les villes ont généralement choisi leurs armoiries elles-mêmes, et les rois de France les laissèrent maîtresses à cet égard, à l'exception de Louis XI, qui s'avisa de donner des armes à la ville de Bourges (peut-être bien celles qu'on lui attribue plaisamment : un âne dans un fauteuil); mais les habitants prirent mal la chose et déchirèrent les lettres patentes qui leur concédaient des armoiries réglées par le souverain.

La tentative n'était pas heureuse, elle ne fut pas renouvelée.

D'habitude, les villes se composaient des armes à l'aide de l'emblème de la corporation la plus en honneur dans ses murs.

C'est ainsi que Paris porte : *de gueules, au navire*

équipé d'argent, sur une onde du même, au chef cousu d'azur, semé de fleurs de lis d'or.

Ce vaisseau rappelle les *nautes* de la Seine, nautoniers ou bateliers, dont l'origine remonte à la période romaine.

Poissy porte des poissons dans son écu, en souvenir de ses premiers habitants qui furent des pêcheurs.

La ville de Reims a pour armoiries des rainceaux, sorte de branches de feuillage appelées autrefois des reims, et de nos jours des rameaux, ses armes sont donc allusives.

Strasbourg a aussi des armes parlantes, elle porte : *d'argent, à la bande de gueules;* cette bande figure un chemin que les Allemands nomment *Straze* et qui conduit au *burg*, l'argent serait une allusion au nom latin de la ville (*argentinensis*).

Les armoiries d'Orléans sont : *de gueules, à trois cailloux d'argent ;* elles ont donné lieu à un proverbe du pays : *Trois cailloux valent mieux que six pierres,* proverbe qui doit son origine à un jeu de mots qu'on fit sous le règne de Henri IV, à l'occasion du gouverneur d'Orléans, qui était alors M. de Cypierre.

Le Mans porte : *de gueules, à la croix d'or, chargée d'une clef contournée, en pal, et cantonnée de quatre chandeliers d'église, de sable.*

Le gueules est l'indication de la couleur rouge de ses murailles de briques :

> Bourges, Lyon, le Mans avec Limouges,
> Furent jadis les quatre villes rouges.

La clef rappelle qu'après avoir ouvert ses portes une des premières à Henri IV, en 1589, le Mans fut visitée par Louis XIII à qui l'on présenta les clefs de la ville.

Enfin les chandeliers figurent en mémoire d'une apparition de saint Julien, qui, dit-on, se montra aux Manceaux, la nuit, à la lueur des flambeaux.

Les armes de Valenciennes étaient anciennement : *Parti, au 1er de gueules, au lion d'or, au 2 d'azur, au cygne d'argent, nageant sur une onde de sinople.* — Le lion est celui des comtes de Flandre ;

quant au cygne, c'est une allusion au nom de Valenciennes, qui s'est jadis appelée Vol-aux-Cygnes !

Nous préférons de beaucoup la signification des armes de Douai, qui sont : *de gueules, au cœur saignant d'or, percé d'une flèche posée en bande, mouvant de dextre, surmonté d'un D gothique, d'or.* — Au treizième siècle, Douai portait pour armoiries, *de gueules plain;* mais ayant perdu l'élite de ses enfants au combat de Mons-en-Puel, ce fut pour en perpétuer le douloureux souvenir, qu'elle changea son blason. Sur le champ de gueules, elle traça une flèche perçant un cœur d'où jaillissent des gouttes de sang, et plaça au-dessus la première lettre de son nom.

Cherbourg a pour armes : *d'azur, à la fasce d'argent, chargée de trois étoiles d'or, accompagnée de trois besants de même.* — Quelques auteurs prétendent que l'azur du champ et l'argent de la fasce sont les couleurs de la Vierge, et que les étoiles d'or, placées là, contrairement aux règles du blason, sont le symbole de la Mère de

Dieu (*Stella maris* : Étoile de la mer). Quant aux besants, ils feraient allusion au mot *Cher Bourg*, et leur nombre rendrait hommage à la Trinité......

Les armes de Lyon sont des armes parlantes : *de gueules, au lion d'argent, au chef cousu de France.*

Le chef de France est une concession de Philippe le Bel.

Les armes de Rouen, qui sont : *de gueules, à l'agneau pascal d'argent,* avaient jadis pour pièce principale un léopard, mais lorsque l'administration municipale se démocratisa, la corporation des marchands drapiers, qui était toute-puissante et qui avait pour emblème un mouton, imposa à la commune ce mouton pour armoiries, en raison de l'industrie drapière, qui produisait un des principaux revenus de la ville.

Saint-Étienne en Forez porte : *d'azur, à deux palmes de sinople en sautoir, cantonnées en chef d'une couronne fermée d'or, en flancs et en pointe d'une croisette d'argent.*

Les palmes et la couronne, sont celles de saint Étienne martyr, et la croisette symbolise le ciel qu'il gagna par sa mort glorieuse.

Nîmes porte : *de gueules, au crocodile de sinople enchaîné et colleté d'or, attaché à un palmier, terrassé et soutenant une couronne de laurier de sinople, placé entre les lettres* COL *et* NEM *d'or.*

Le crocodile est là pour rappeler la part qu'Auguste et Agrippa avaient prise, après la bataille d'Actium, à la fondation de la colonie de Nîmes par des vétérans de l'armée d'Afrique, *colonia Nemausensis*.

Montpellier a dans ses armes un tourteau de gueules; c'est en souvenir de ce que Jacques Ier, roi d'Aragon, seigneur de Montpellier, comme ayant hérité de sa mère — donna aux bourgeois de la ville le droit de battre monnaie.

Angers porte une clef d'argent, en mémoire, dit-on, de son ancienne position sur la frontière de France, dont elle était la clef avant la réunion de la Bretagne à la couronne.

Roubaix porte : *d'azur, au rot de sable;* le rot est le châssis des tisserands par les ouvertures duquel passent les fils de la chaîne d'une étoffe ; — c'est une allusion à l'industrie de ses habitants.

Châlon-sur-Saône porte : *d'azur, à trois annelets d'or*, et la tradition veut que les annelets représentent « les trois cercles de brique dorée desquels les murailles de Châlon estoient bandées comme d'une célèbre ceinture, et qui se montroient encore sur les ruines des anciens murs. »

Mais M. Borel d'Hauterive, sans respect pour cette fière origine, prétend tout prosaïquement que les annelets sont des cercles de tonneaux de vin — Châlon exportant depuis de longues années son excellent vin partout.

C'est bien peu héraldique — mais c'est peut-être vrai.

Les armes de Vienne sont : *d'argent, à l'orme de sinople, fruité d'argent, chargé d'un saint ciboire d'or et d'une sainte hostie d'argent;* voici à quelle occasion.

Le pape Clément V confirma la bulle de 1264, instituant la fête du Saint-Sacrement, et comme le concile de Vienne touchait à sa fin, il voulut présider lui-même à la cérémonie de la Fête-Dieu et porter en procession le saint sacrement.

C'est en mémoire de cette cérémonie que Vienne mit dans ses armes le saint ciboire et l'hostie; quant à l'arbre, il représente un magnifique orme qui existait devant l'église Saint-Pierre, à l'ombre duquel s'assemblèrent les bourgeois de Vienne pour réclamer une charte de commune.

Saint-Germain-en-Laye porte : *d'azur, au berceau fleurdelisé d'or, accompagné en chef d'une fleur de lis du même et en pointe de l'inscription :* 5 *septembre* 1638; Louis XIV vit le jour dans le château neuf de cette ville — le berceau rappelle cette naissance et l'inscription en fixe la date.

Fécamp porte : *de sinople, à trois tentes d'argent* (fait camp) allusion au nom, rébus héraldique.

On remarque dans les armes de Tarascon un dragon monstrueux ayant six jambes de sinople et le dos couvert d'écailles d'or, dévorant un homme.

Ce monstre est la Tarasque, qui désolait jadis la ville et qui fut exterminée par un miracle de sainte Marthe.

C'est en souvenir de la méchante bête, que les Tarasconais ont représenté son effigie dans leurs armes.

CHAPITRE II

SINGULARITÉS NOBILIAIRES

De même que l'histoire d'un peuple n'est pas tout entière dans ses annales, celle de la noblesse française ne saurait être exclusivement contenue dans ses fastes héroïques.

La noblesse de cour ne manqua pas d'historiographes; adulée, fêtée, conviée à toutes les faveurs, admise à toutes les dignités, elle s'élevait sans cesse et croissait en puissance et en éclat sous le regard fécond du souverain, qui dispensait ses grâces et ses bienfaits avec une prodigalité toute magnifique, sur des courtisans habiles à plaire, et plus habiles encore à accaparer tout ce qui tombait des mains royales, qui ne s'ouvraient que pour donner.

Il n'en était pas de même de la noblesse de province, une noblesse dévouée, fidèle, non moins brave, mais plus fière, et qui, toujours prête à prendre les armes pour défendre la patrie menacée ou le roi en danger, n'était jamais disposée à rien demander, et se contentait de posséder le privilége d'envoyer ses fils se faire tuer pour l'honneur du drapeau.

Aussi, cette noblesse provinciale, qui vivait à l'écart, loin des rayons du soleil de Versailles, était-elle, aux derniers siècles de la monarchie, infiniment peu considérée par les élégants gentilshommes enrubannés, qui traitaient les hobereaux avec un dédain semblable à celui professé par la noblesse militaire envers la noblesse de robe.

C'était pitié que de voir avec quelle superbe était accueilli un mince seigneur campagnard ayant quitté sa gentilhommière du Poitou ou de l'Auvergne pour venir apporter au pied du trône ses doléances ou ses griefs. Il avait mille peines à se faire jour au milieu de la brillante cohue qui obstruait les avenues de Versailles, et plus d'un eut la mortification de s'en retourner dans sa province, sans avoir pu seulement parvenir à se glisser sur le passage de la Majesté qu'il était venu implorer pour obtenir justice.

On comprend facilement, que placée dans de telles conditions, la noblesse de province ait été souvent exclue du partage, ou plutôt de la distribution des louanges adulatrices que les historiographes de la cour prodiguaient à l'envi à la noblesse titrée et ayant charge auprès du roi.

C'est aux travaux des généalogistes provinciaux qu'il faut recourir pour reconnaître son existence, et on est frappé, quand on se livre à des recherches particulières aux familles nobles des diverses provinces de l'ancienne France, du nombre considérable de faits curieux et ignorés qui les concernent.

Mais d'abord, avant d'en venir aux détails particuliers, nous demanderons aux lecteurs la permission de rectifier quelques opinions erronées, touchant diverses questions, que la tradition a faussées et qui se sont enracinées dans l'esprit public avec cette force qui s'attache opiniâtrément à l'esprit de routine, et lui fait considérer comme articles de foi les erreurs les plus grossières.

On a tellement dénaturé le sens de certaines expressions, qu'elles ont fini par avoir une signification tout à fait opposée à celle qui leur est propre. Nous allons tâcher de substituer la vérité à l'erreur, quitte à passer pour un démolisseur aux yeux des gens qui préfèrent croire de confiance une inexactitude adoptée que de renoncer à un parti pris.

Nous commencerons par les gentilshommes verriers.

C'est un tort de supposer que les verriers fussent nobles par le fait même de leur industrie; l'exercice de cette profession n'anoblissait pas, mais il permettait au noble qui s'y livrait de conserver sa noblesse, c'est-à-dire de ne pas déroger.

Il existait autrefois, en France, une verrerie dans laquelle travaillaient un plus grand nombre peut-être de gentilshommes que dans toutes les autres, c'était celle de la forêt d'Eu ; on y fabriquait spécialement des tubes de verre qui passaient ensuite dans les mains des habitants d'Aubermesnil, qui les divisaient à l'aide de fourneaux placés dans la cheminée de chaque maison. Une fois partagés, on les destinait à faire des patenôtres avec lesquels les chevaliers de Malte entouraient leur écu.

L'emploi tout spécial de cette verroterie donnait à son industrie une sorte de relief qui plaisait aux nobles pauvres, obligés de travailler pour vivre, et la leur faisait rechercher de préférence à d'autres du même genre.

Le privilége de la non-dérogeance s'étendait au commerce maritime, au commerce de gros, à l'exploitation de ses terres, au fermage des terres des princes et des princesses du sang, à la médecine, et enfin aux charges d'avocat au parlement, et de procureur à la cour des comptes.

Et les nobles bretons étaient plus privilégiés encore, puisqu'ils ne dérogeaient par l'exercice d'aucun commerce.

Quant au prétendu anoblissement des bourgeois de Paris, en 1371, c'est une fable dont l'invention remonte à l'un d'eux, mais qui n'a rien de sérieux.

Au reste, cette question d'anoblissement est encore de nos jours une question brûlante, et des écrivains de mérite discutent à cette heure la coutume champenoise : « le ventre anoblit, » bien que, selon nous, cette coutume ait été depuis longtemps abrogée, si toutefois elle exista jamais régulièrement.

La noblesse utérine fut parfois accordée, nous le savons, et le plus bel exemple qu'on en puisse donner, est celui de Jeanne d'Arc, anoblie par Charles VII, qui étendit l'anoblissement à Jacques son père, à Isabelle Romée sa mère, à Jacquemin, à Jacques et à Pierre Perrel ses frères, « ensemble leur lignage et leur parenté, leur postérité née et à naître en ligne masculine et féminine. »

Nous laissons à penser ce qu'un pareil ensemble eût produit avec le temps qui multiplie les générations, si la noblesse utérine eût été accordée à beaucoup de familles.

Aussi au mois de juin 1614, Louis XIII mit-il un terme à cet anoblissement qui menaçait de s'étendre à l'infini, en le supprimant à l'avenir.

Il fut une qualification nobiliaire sur le sens de laquelle on se méprend généralement, c'est celle d'*avoué*.

Bien qu'il n'existe aucune espèce de ressemblance entre la charge d'avoué au tribunal civil ou à la cour impériale — et celle d'*avoué* qui était jadis exercée par des têtes couronnées et des nobles de race, — il y a cependant un vague lien de corrélation entre elles, ainsi qu'on le verra tout à l'heure.

Les avoués, en roman *advoyer*, en allemand *vogt*, en latin *advocati*, avaient la garde et la protection des églises.

Charlemagne se qualifiait avoué de l'église de Saint-Pierre, l'empereur Frédéric Ier fut avoué de l'église de Besançon.

La plupart des abbayes étaient placées sous le protectorat d'un avoué, qui était ordinairement un comte.

L'avouerie de Saint-Vaast d'Arras fut une charge héréditaire de la maison de Béthune.

Parfois, les églises et les monastères se croyaient plus en sûreté en se mettant sous la garde de plusieurs avoués, qui dépendaient alors d'un seul appelé grand, principal, ou souverain avoué.

Le devoir d'un avoué consistait à faire justice des insolents, des larrons et des tyrans qui ravissaient les biens de son église; il devait affermir le repos des ecclésiastiques, augmenter leurs revenus, et recouvrer par procès ceux qui étaient dépéris par nonchalance, d'où vient qu'on les appelait parfois *causidici*, c'est-à-dire plaidant pour autrui.

On voit qu'en cela ils se rapprochaient de nos avoués.

Mais quand l'occasion se présentait, ces avoués faisaient armer des vaisseaux et conduisaient en guerre « les hommes du monastère. »

Ici tout point de comparaison disparaît.

Nous avons parlé des devoirs, parlons des droits.

Dans chaque maison de son avouerie, l'avoué recevait un denier, une poule et un septier d'avoine.

Nous trouverons des avoués dans le cours de ce travail, passons aux *vidames.*

Les vidames ont disparu, c'est un titre dont on connaît peu la véritable signification, et que bien à tort on regarde presque comme une appellation ridicule.

Le vidame fut cependant un puissant personnage ; c'était un officier d'un évêché qui exerçait la justice temporelle du prélat.

Les plus importants étaient ceux de Reims, d'Amiens, de Chartres, du Mans, de Châlons, de Laon, de Cambrai, de Tulle et de Gerboroy.

Parmi les titres peu communs qu'on trouve encore comme ayant été portés par des familles appartenant à la noblesse provinciale, il faut citer celui de *comtor*. Il paraît être particulier aux provinces du Rouergue, de l'Auvergne et de la Guyenne ; il venait immédiatement après celui de vicomte.

Celui de *satrape*, titre qui fut porté par la maison d'Anduse.

Celui de *soudan*, qui appartenait à la famille de Preissac.

Celui de *captal*, que portaient les seigneurs de Buch, et qui était le titre d'une sorte de capitainerie.

Et enfin celui de *mistral* dont se qualifièrent quelques familles du Dauphiné chargées de percevoir les droits du Dauphin, et de faire exécuter ses jugements.

Les titres, en général, étaient beaucoup moins répandus parmi les bonnes familles de la province que dans celles qui hantaient la cour, et cela se conçoit, car, s'il fut toujours possible aux rois de France d'anoblir un roturier et de faire un comte, un marquis — voire même un duc — du premier venu qu'il leur plaisait de titrer, il ne fut jamais en leur pouvoir d'en faire un gentilhomme, puisque cette qualité ne pouvait être régulièrement prise que par les nobles d'extraction, tandis que les titres s'obtenaient parfois par le seul fait de l'admission aux honneurs de la cour, l'usage permettant à la personne présentée et non titrée de choisir une qualification *ad libitum* parmi les titres de marquis ou baron, et de le garder toute sa vie.

Un certain marquis de ce genre, ayant eu une discussion avec quelqu'un, s'emporta et le menaça de l'aller chercher dans quelque endroit qu'il se cachât.

— Je connais cependant un endroit où vous ne sauriez l'aller trouver, lui dit une personne présente.

— Et quel peut être cet endroit, monsieur ? répondit l'autre.

— C'est votre marquisat.

Donc, les gentilshommes campagnards, dont une longue suite d'aïeux illustrait le passé, se bornaient à la possession de leur état de noble, et l'on voit les membres des meilleures familles désignés sous leur nom patronymique, suivi de la nomenclature des seigneuries qu'ils possédaient.

Il en était ainsi pour la famille de Montesquiou;

les membres de la branche de Marsan se contentèrent longtemps de s'appeler seigneurs; puis l'un d'eux prit le titre de comte de Marsan, et un autre, celui de comte de Montesquiou. Un paysan qui passait un acte avec ce dernier se qualifia seigneur, et comme M. de Montesquiou en manifestait son étonnement :

—Je suis seigneur comme vous êtes comte, répondit le villageois.

Le fait ne peut être contesté, puisqu'il est consigné dans l'*Histoire de la maison de Montesquiou*, publiée par M. le duc de Fézensac.

Mais si les titres étaient moins nombreux en province qu'à la cour, les surnoms abondaient, voire même les sobriquets, et nous trouvons bon nombre de vaillants gentilshommes porter fièrement les qualifications de *gueulard*, de *louche*, de *dissimulé*, de *tête d'étoupe*, d'*ampoulé*, de *chien*, de *fil étoupe*, de *fesseux*, de *vacher*, de *courte tête*, de *renard*, de *fier-à-bras*, de *piteux*, etc., etc.

Il est inutile d'ajouter que toutes ces appellations

bizarres étaient empruntées soit aux défauts physiques ou moraux de l'homme, soit à quelque événement dont il avait été le héros ou la victime.

Mais il était rare que celui qui se trouvait gratifié d'un sobriquet grotesque, le prît en mauvaise part; il préférait l'accepter franchement et le faire connaître à tous, en le rendant célèbre par quelque action d'éclat.

Ils avaient bien raison nos devanciers: un nom n'est jamais ridicule quand il est entouré de gloire!

Il ne s'agit que de lui en procurer.

Ce fut ce que pensèrent les neuf frères Porcelets.

Ces braves gentilshommes virent le jour dans des circonstances assez singulières.

Leur mère, une sage et honnête personne, récemment mariée, eut une querelle avec une matrone qu'elle ne craignit pas de qualifier de femme de mauvaise vie.

Celle-ci, blessée par cette accusation injuste, comme on le verra bientôt, prit le ciel à témoin de son innocence, et, forte de la pureté de sa conscience, elle dit à la jeune dame en lui montrant une truie qui passait :

— Je prie Dieu, pour la défense de mon honneur, qu'il vous donne autant d'enfants que cette truie qui passe a de petits.

Dieu exauça cette prière et prouva ainsi l'honnêteté de la matrone.

Neuf mois plus tard, jour pour jour, la jeune dame mettait au monde neuf enfants mâles, qui acceptèrent résolûment le nom de « Porcelets, » qu'on leur donna en mémoire de la truie, et formèrent les diverses branches de la famille Porcelets de Maillane, une des bonnes de la Provence.

Ils vécurent tous et s'élevèrent pour devenir de grands capitaines, dit la chronique.

Ce fut en considération du prodige de leur naissance que les neuf frères prirent pour armes : *d'or, à la truie de sable.*

Les courtisans ne se montraient pas toujours d'aussi bonne composition, et la première faveur que demandait un commensal de la maison du roi, porteur d'un nom malsonnant, était d'obtenir l'autorisation, non de le changer, mais d'en prendre un second précédé d'un titre.

Nous le répétons, pendant des siècles, la noblesse de cour sut profiter de son influence sur le pouvoir royal pour se faire adjuger maints bénéfices, au détriment des pauvres gentilshommes de la province, que les dépenses, alors considérables, occasionnées par les voyages, et celles non moins élevées du séjour dans la capitale, retenaient dans leurs terres.

Non que la vie de plaisirs, toute pleine de faste et de magnificence, qu'on menait à la cour ne tentât pas parfois les hobereaux ; mais ils étaient obligés de réprimer leurs désirs, et ils se consolaient en lançant çà et là quelques épigrammes malignes sur ceux d'entre eux qui couraient à la fortune.

C'est ainsi qu'une famille picarde donna lieu à un dicton populaire qui s'est perpétué jusqu'à nous.

La famille de la Fontaine est divisée en deux branches : celle des seigneurs de la Boissière et celle de la Fontaine-Solare.

SINGULARITÉS NOBILIAIRES.

Cette maison jouissait dans sa province d'une grande considération; elle comptait au nombre de ses membres Étienne de la Fontaine, argentier du roi en 1350, et Pierre de la Fontaine, grand prieur de France en 1565.

Mais son illustration devait grandir encore, lorsqu'Artus de la Fontaine, baron d'Ognon, fut nommé ambassadeur à Vienne et à Constantinople, puis grand maître des cérémonies sous les rois Henri II, François II, Charles IX et Henri III.

Aussi les Picards étaient-ils fiers de cet Artus, et chaque fois qu'un petit gentilhomme de la contrée se disposait à venir à Paris pour se produire à la cour, ne manquaient-ils pas de dire :

— Laissez-le faire, *il veut se mettre en rang d'ognon.*

De là l'origine du proverbe, au dire de l'historien qui nous fournit ce détail.

Hélas! combien d'eux eussent agi plus sagement en demeurant paisiblement dans leur vieux manoir, si délabré qu'il fût, que de venir à Paris tenter à la cour les hasards du favoritisme!

Si les gentilshommes fréquentant la cour demandaient des titres, les commensaux de la roture demandaient la noblesse, et leurs sollicitations étaient non moins vives, non moins pressantes.

Que de fois la verve de Louis XIV s'exerça à l'occasion de ces requêtes d'anoblissement !

Un jour, ce fut M. Quatremère qui implora du bon plaisir royal la concession d'une particule.

— Je vous l'accorde, dit le roi, et vous autorise à la porter à la suite de votre nom.

Cette réponse est du genre de celle que fit le comte de Laurencin à un apothicaire, anobli pour avoir exercé la charge d'échevin à Lyon, et qui essayait, devant lui, de faire remonter sa noblesse à deux cents ans, — en vantant une origine imaginaire.

— Apprenez, monsieur, lui dit-il, qu'on n'entre pas dans la noblesse par la porte de derrière.

Aux dix-septième et dix-huitième siècles, un bon gentilhomme vivait de peu dans ses terres, et nous avons sous les yeux le *Mémoire sur la noblesse du Poitou*, dressé par Colbert en 1664, qui nous montre, en la paroisse de Breuil-Chaussay, René de Chambret, sieur de la Blanchecoudre et de Mazauzay, qui jouit de dix mille livres de rente « et est fort vertueux, favorisant le recouvrement des deniers du roy, faisant garder l'égalité, et prestant son argent aux collecteurs pour leur sauver les frais. »

Aussi se hâte-t-il d'ajouter en note : « est aimé et chéri de tout le monde. »

La valeur des fiefs est indiquée dans ce mémoire, et on y voit que le marquisat de la Flocelière, appartenant à Philippe de Morais, vaut six mille livres de rente.

La terre noble de Cirières, dans l'élection de Thouars, rapportait quatre mille livres; ce qui n'empêchait point que son seigneur fût « un gentilhomme qui a beaucoup de cœur, et vit avec honneur dans son pays. »

Mais ils avaient des goûts simples ceux-là, et il fallait bien qu'ils en eussent pour éviter que Colbert fît sur eux une note semblable à celle qu'il consacre à la famille de Beaurepaire des Échardières Girard :

« Le sieur de Beaurepaire des Échardières Girard, d'un nom fort ancien, dans le bas Poictou, est un jeune gentilhomme bien fait, bien censé, catholique, et qui promet beaucoup; il sort de ses exercices. Son cadet a servy deux ans en qualité de cavalier, est fort honneste jeune homme et qui a beaucoup de cœur; le troisième sort tout récemment du collége; il y a environ six mille livres de rente dans cette famille, mais beaucoup de dettes. »

Beaucoup de dettes! trois frères vivant noblement avec six mille livres par an pour eux trois!

Mais c'est Colbert qui parle, ne l'oublions pas, un ami de l'équilibre en matière de budget.

Aussi a-t-il soin de consigner que le sieur Prevost de la Freignée, qui est d'ailleurs considéré dans sa religion (la religion prétendue réformée), a perdu plus de cinquante mille écus au jeu.

Plus loin il parle du baron Dufresne, qui porte le nom de Demeule d'Urbelière, qui est homme de bonne chère, « ce qui contribue à le faire aimer. »

Il termine son mémoire par une boutade à l'adresse de la noblesse du Poitou qui est « qu'elle est en réputation d'estre assez remuante et inquiète, voulant prendre connoissance des affaires et s'en mesler, qu'elle souffre avec peine que l'on paie la taille et les droits du roy dans les lieux où elle a pouvoir. Dans les désordres, elle a toujours esté preste à brouiller, et s'est assemblée facilement ; elle avoit des principaux gentilshommes, qu'ils appeloient cantonniers, qui avoient soin d'un canton de pays et avoient correspondance les uns aux autres ; elle n'a guère fourny de gens aux roys durant les guerres, et quand ils y alloient, ils s'en lassoient bien tost et se contentoient d'une ou de deux campagnes qu'ils ne laissoient pas de faire valoir dans les occasions, comme s'ils n'avoient fait autre mestier. »

Toutefois, pour adoucir l'effet de cette sortie, il ajoute : « D'ailleurs elle est assez civile, polie et accueillante, et vit assez honnestement. »

Dans un autre mémoire de Colbert sur la noblesse de Touraine et d'Anjou, le futur ministre montre le peu de cas qu'il fait des poëtes en disant de Racan de la Roche : « Sa maison est estimée bonne et ancienne dans le païs d'où il est originaire, seigneur de Racan, Saint-Palu et autres lieux ; *il se mesle d'écrire.* »

Ce mémoire, dressé à la même époque, évaluait la noblesse de la province de Touraine à quatre cent cinquante familles environ ; son auteur donne la liste de soixante des meilleures, puis il prétend qu'il y en avait quelques-unes de deux mille livres de rente et au-dessous, une infinité d'autres *incommodées*, c'est-à-dire sans fortune.

En Anjou, il cite un sieur de Sacillé d'Escorces, comme un bon nom de la province, quoique ne jouissant pas de cinq cents livres de rente.

Là encore il compte environ quatre cents familles jouissant des droits d'exemption dans les lieux de leurs demeures, « mais dont on assure que plus des trois quarts sont faux nobles. »

Jouissant des droits d'exemption : voilà le grand

secret du mécontentement et peut-être de l'exagération de Colbert; car peu lui importait le reste; c'était l'affaire du juge d'armes et des intendants chargés de la recherche.

Si Colbert se montre sévère envers la noblesse de Poitou, Jean le Carpentier, l'historien du Cambresis, parle de sa province en des termes bien différents :

« Quant à la *noblesse de Cambresis*, j'ose dire avec fondement que ce petit pays, proportionnement à son estendüe a produit plus de noblesse que tous les autres qui l'avoisinent... Balderic, Massée, de Ligne, Gelie, le Leu et autres, qui en ont traitté disent hardiment que le Cambresis meriteroit des volumes entiers pour avoir esté le siége de la religion, l'abbrégé de la vénérable antiquité, l'escole de la milice de Dieu, le théâtre des sciences et de la vertu, le but et la fin des conquérants, le throne de nos premiers roys, la pépinière de la noblesse et la mère de la liberté. Mille princes et seigneurs voisins y vindrent planter à la foule des colonies, etc. »

C'est à la noblesse qu'il reporte l'origine des mots Cambrai et Cambresis en disant :

« Ces dongeons, chasteaux et maisons estoient garnies de fortes tours, de très-espaisses murailles de pierre blanche et de très-larges fossez sous lesquels ou aux environs desquels il y avoit pour la pluspart des lieux souterrains voutez et cambrez (d'où s'est formé peut-estre le mot Cambresis). »

Il serait injuste de chercher à établir la suprématie de la noblesse d'une province sur celle de telle autre ; elles viennent toutes se fondre dans ce grand corps indestructible qu'on appelle la *noblesse française*.

Toutefois il faut reconnaître que, soit en raison de son importance, de sa force, de ses possessions ou même de sa situation géographique, certaine province a vu sa noblesse prendre une part plus ou moins active aux destinées du pays.

Ainsi, quand les premières croisades furent prêchées, les provinces de Normandie, de Picardie et de Champagne fournirent un plus fort contingent que les provinces méridionales à l'armée du Christ.

Est-ce à dire que leurs gentilshommes étaient plus prompts à voler au combat ?

Non; les champs de bataille de l'Europe ont été trop souvent arrosés par le sang généreux de cette vaillante phalange, pour n'avoir pas été foulés tour à tour par les pas des bouillants Provençaux ou des intrépides Bourguignons.

La France n'a qu'une épée, mais toutes les mains s'ouvrent pour la saisir quand il s'agit de la montrer à l'ennemi.

En 1637, le comte d'Harcourt, chargé de reprendre les îles de Lérins sur les Espagnols, assemble un conseil de guerre pour discuter le plan d'attaque.

— Messieurs, dit-il, pour réussir, il nous faut diriger nos premiers efforts contre Sainte-Marguerite ; croyez-vous pouvoir y descendre avec vos gens ?

Un gentilhomme de Guyenne se lève et prend la parole :

— Général, le soleil entre-t-il dans l'île ?

— Oui, fait le comte en souriant.

— En ce cas, reprend le brave d'Aguerre, si le soleil y pénètre, mon régiment saura bien y descendre.

Et il tint parole, car les îles de Lérins et de Sainte-Marguerite furent reprises.

Tous les historiens ont raconté les beaux traits des personnages dont les noms sont devenus familiers, les d'Assas, les Bayard, les Turenne, etc., mais que de noms de nobles obscurs mériteraient d'être tirés de l'oubli !

Un d'Argent, originaire du Berri, combattait avec ses trois fils à Montlhéry aux côtés de Henri IV; il les vit tomber tous trois sous le feu de l'ennemi. Après l'action, le roi s'avance pour consoler le malheureux père.

—Sire, répond celui-ci, ils n'ont fait que leur devoir, et moi j'ai payé mon tribut à la patrie, car j'étais citoyen avant d'être père !

Il disait vrai, comme on disait vrai en parlant de ce gentilhomme du Béarn : « *Mons de Na-*

vailles *Labalut*, *premé enterrat qué badut,* »
c'est-à-dire : « M. de Navailles Labalut, enterré
avant d'être né. »

François de Navailles, marié à Marguerite d'Albret, avait été fait prisonnier, et la nouvelle en avait été apportée avec si peu de ménagement à sa femme, alors enceinte, qu'elle tomba évanouie en l'apprenant. On ne put la faire revenir de son évanouissement, et l'ayant crue morte, on l'enterra. Dans la nuit qui suivit l'inhumation, ceux qui étaient chargés de veiller près de son tombeau, essayèrent de lui enlever une bague enrichie d'émeraudes qu'elle portait au doigt.

Elle sortit alors de sa léthargie, et quelques mois plus tard, elle donna le jour à un fils *enterré avant d'être né*. Le dicton est encore de nos jours populaire en Béarn.

Chaque province a sa légende, comme chaque province avait ses coutumes.

On comptait avant la révolution de 1789, environ soixante coutumes générales et plus de trois cents coutumes locales.

Ces coutumes, dont les dispositions étaient déterminées et arrêtées par les habitants de la province, avaient force de loi ; et la singularité de quelques-unes d'entre elles nous fournira de curieuses pages, ne fût-ce que la coutume du Dunois, qui obligeait toute fille, femme ou veuve, grosse du fait d'un autre *que son mari* de dénoncer l'auteur du délit à la justice, sous peine *d'un écu* d'amende.

Voilà une bien petite amende, et il est permis de croire que beaucoup de dames, dans la position intéressante indiquée, ont préféré se voir exposée à la payer que d'aller conter leur cas à la justice.

En matière de coutumes, la province n'avait pas à porter envie à Paris, car un vieux proverbe du bon temps dit ceci :

« C'est la coutume de Paris où le battu paie l'amende. »

L'examen des diverses coutumes, en ce qu'elles avaient de singulier, ainsi que celui de certains droits afférents à la qualité de noble, vont former le texte d'un chapitre spécial.

CHAPITRE III

DES DROITS SEIGNEURIAUX ET DES COUTUMES PROVINCIALES

L'unité de lois pour un peuple est sans contredit l'expression la plus équitable de la justice, — et les codes français sont, à notre avis, le plus beau monument de la civilisation moderne.

Mais si de nos jours — la justice est une et son application facile, grâce aux rouages qui la font mouvoir méthodiquement ; — à l'époque où elle procédait de l'initiative de chaque seigneur — elle devait être fatalement sujette à des écarts provenant de la façon dont elle était comprise par ceux-là même qui la rendaient.

C'était un amas confus de droits, se contredisant à chaque instant, et dont le respect était aussi difficile à observer qu'il nous est difficile aujourd'hui d'en rechercher les bases.

Mais il faut bien prendre garde, avant de s'étonner de la bizarrerie ou de la singularité de certains articles du code féodal — de s'enquérir des mœurs et des coutumes des habitants des diverses provinces de l'ancienne France.

Entre les usages de la Provence et ceux de la Bretagne il n'y avait pas plus d'analogie qu'on en trouverait aujourd'hui entre les lois françaises et celles qui régissent les tribus nomades du fond de l'Afrique.

Toutefois, certains axiomes absolus se répétaient partout — c'étaient ceux qui avaient pour principe le respect de l'autorité seigneuriale et celui de l'obéissance du vassal.

Partout et toujours le plus faible se trouvait placé sous la domination du plus fort.

Si ce n'était pas complétement équitable, c'était au moins logique.

Et de tout temps la force a triomphé, sinon de droit, du moins de fait.

Partant de là, les historiens ont eu beau jeu pour frapper d'estoc et de taille sur les abus de pouvoir des uns et pour s'apitoyer sur le sort des autres, — souvent même sans se demander si ce qui serait odieux ou incompréhensible de nos jours — n'était pas considéré comme chose naturelle et nécessaire à l'époque où il se produisait.

Mais laissons de côté ces considérations, — nous ne faisons pas ici un plaidoyer en faveur du droit féodal — que nous sommes loin de regretter, — nous en glanons seulement çà et là quelques curieuses dispositions — voilà tout.

Parmi les plus anciennes servitudes du vasselage, celle de l'hommage était la plus universelle.

Celui qui le rendait était baisé à la bouche par le seigneur, qui lui donnait ses mains à baiser.

C'est ce qu'on appelait faire hommage *à bouc et main*.

Une aventure assez singulière arriva à ce propos.

Marguerite d'Autriche, veuve d'Enguerrand, seigneur d'Oisy, se rendit à Cambrai pour relever personnellement sa terre d'Oisy de l'évêque — qui devait lui donner un baiser sur la bouche; mais, comme l'évêque, au dire de l'historien Lecarpentier, était aussi chaste que beau, il refusa de donner le baiser accoutumé à la dame, laquelle conçut un tel déplaisir de ce refus, qu'elle alla toute bouillante de colère relever sa dite terre du comte d'Artois et lui en faire hommage.

Ce fut ainsi que la terre d'Oisy sortit du domaine du Cambresis pour entrer dans celui de l'Artois.

Le vassal était tenu de faire l'hommage au seigneur autant de fois que le fief changeait de main — et le seigneur ou le bailli donnait l'investiture par la tradition d'une épée nue, d'une lance, d'un bâton ou d'une paille.

De même qu'avant une plaidoirie entre le cessionnaire et le cédant la paille se rompait — d'où est venu le dicton — rompre la paille.

Boileau, l'auteur de l'*Usage des fiefs*, rapporte

un arrêt du parlement de Paris, qui autorise un vassal à se faire substituer par une personne roturière pour rendre le devoir à son seigneur, attendu que ce droit obligeait le vassal à contrefaire l'ivrogne, à chanter une chanson gaillarde à la femme du seigneur et à danser ensuite devant elle, à la façon des paysans.

On trouve écrites dans les titres de rentes féodales des obligations plus bouffonnes encore, notamment celles qui fixaient la redevance à un coup de chapeau, — à la fumée d'un chapon bouilli, etc.

Et les seigneurs recevaient gravement ces rentes.

Quelquefois c'est un bouquet de roses — rente créée par un seigneur galant. Souvent aussi c'est un merle blanc ou un cygne noir que le vassal doit. Et dans ce cas, — le merle blanc ou le cygne noir se convertit en une bonne somme d'argent que le tenancier paye pour n'avoir pu se procurer la chose voulue, — et comme la somme n'est pas déterminée au préalable, c'est la volonté seigneuriale qui en règle l'importance.

On a tenté d'expliquer de plusieurs façons ces clauses insensées ; pour notre compte, nous ne pouvons en admettre qu'une : la plus probable. — C'est que lorsqu'un seigneur hautain et farouche devenait vassal d'un plus puissant que lui, — celui-ci lui imposait une redevance destinée à rabaisser son orgueil — en le ridiculisant.

Le marquis de Resnel avait acheté un fief relevant d'un autre fief, appartenant à un apothicaire de Paris, et comme vassal lui devait foi et hommage ; — l'apothicaire l'invita d'une façon assez brusque à se conformer à l'usage, — mais le marquis n'était pas homme à s'incliner devant un apothicaire — et voici ce qu'il fit : il vint à Paris, se logea à l'hôtel et, se prétendant malade, envoya chercher l'apothicaire pour un office que rendaient alors ces estimables gens, et il eut bien soin de faire dire qu'il s'agissait d'un grand seigneur, en recommandant de ne le point nommer.

L'apothicaire jugea alors convenable de venir en personne et, muni de son instrument, il arriva à l'hôtel où le prétendu malade ne laissa voir que la partie du corps nécessaire à l'opération ; puis, aussitôt qu'elle fut terminée, il lâcha tout au visage de l'opérateur. — Voilà, monsieur l'apothicaire, comme je vous fais foi et hommage, ajouta-t-il en riant bruyamment.

Le fieffé, transporté de fureur, courut chez un procureur et fit un procès, mais les temps étaient changés, les juges ne purent s'empêcher de rire et le tribunal obligea les parties à s'arranger à l'amiable, ne voulant pas qu'une cause aussi plaisante fût consignée sur les registres du Palais.

Dans une province du centre de la France, le vassal rendait l'hommage en conduisant jusqu'au château un serin placé sur une voiture à quatre chevaux; dans une autre le serin était remplacé par un œuf.

Dans le Poitou, on voit une vassale être dans l'obligation de venir chaque année au premier janvier, au château seigneurial; arrivée à la porte, elle se mettait à genoux et traversait de la sorte, qu'il plût ou qu'il neigeât, la cour d'honneur, pour aller présenter à la châtelaine un roitelet apprivoisé qu'elle portait sur le doigt.

En échange de l'hommage ou de la redevance, il était d'usage que le seigneur fît un cadeau au vassal, mais quel cadeau pouvait compenser les turpitudes que nous venons d'énumérer!

Les chanoines de la sainte chapelle de Dijon étaient vassaux de la duchesse de Bourgogne, et nous ne plaindrons pas ces saints personnages pour le devoir qu'ils avaient à rendre.

Leur hommage consistait en un baiser qu'ils déposaient l'un après l'autre sur la joue droite de la duchesse.

Mais le seigneur de Montbrun et la Roque était astreint à une obligation moins agréable; quand l'abbé de Figeac faisait son entrée dans la ville, il allait le recevoir habillé en arlequin et une jambe nue.

En vérité, il faudrait avoir les textes sous les yeux pour croire à l'existence de semblables coutumes!

Dans quelques cours féodales le seigneur, donnant l'investiture, appuyait son pied droit sur celui du vassal. — Et celui-ci ne devait pas souffler mot, eût-il des cors !

Selon la coutume de Sens, de Bourges et d'Auxerre, dans les cérémonies de l'hommage, le seigneur et le vassal s'embrassaient, mais quand le seigneur était absent au moment de la venue du vassal, celui-ci baisait le verrou, la serrure de la porte, ou la porte même du manoir seigneurial.

En Angoumois, pour l'hommage lige (qui engageait le vassal à servir son seigneur dans le temps qu'il était en guerre), le vassal se mettait à genoux, nu-tête, sans épée ni éperons.

Mais nous n'en finirions pas s'il nous fallait ici prendre la coutume de chaque province, et relever les différentes obligations imposées par le caprice des suzerains. — On croirait vraiment que c'était à qui surpasserait son voisin en écarts d'imagination.

On a souvent mis en avant le devoir qu'avaient les vassaux de battre l'eau des étangs pour empêcher les grenouilles de coasser.

Ce devoir existait, en effet, dans beaucoup de provinces.

Lorsque l'abbé de Luxeuil séjournait dans sa seigneurie, non-seulement les manants battaient l'étang, mais tout en le battant, ils chantaient :

> Pà, pâ, renotte, pâ,
> Veci monsieur l'abbé que Dieu garde !

« Paix, paix, reinette, paix, voici monsieur l'abbé que Dieu garde ! »

La sirerie de Pons en Saintonge ne relevait que du roi et embrassait cinquante-deux paroisses et près de deux cent cinquante fiefs nobles. De là ce dicton populaire : *Si le roi de France ne suis, sire de Pons je voudrais être.*

Le sire de Pons rendait donc l'hommage au roi, et pour cela il se présentait devant lui armé de toutes pièces, la visière baissée, et lui disait : « Sire, je viens à vous pour vous faire hommage de ma terre de Pons et vous supplier de me maintenir en la jouissance de mes priviléges. »

Nous trouvons dans une vieille charte de l'Angoumois, que la seigneurie de Roissac, qui appartint plus tard à Armand Gourdon de Genouillac Montferrand, comte de Vaillac, donnait au seigneur « tous droits de justice haute, moyenne et basse, châteaux et manoirs, domaines, garennes, parcs, droits de fiefs, arrière-fiefs, foi et hommage, dîmes inféodées, terrages, champarts, cens, rentes, blairies, tailles, banalités, droits de chasse, pêches et autres droits et devoirs seigneuriaux établis par la commune d'Angoumois, et qui sont à prendre et à percevoir sur plusieurs maisons, bâtiments, bois, buissons, terres cultes et incultes, prés, pacages, pâtureaux, vignes, étangs, landes, bruyères et autres héritages, » etc., etc.

Ouf! voilà une jolie série de droits sans compter les *et cætera*.

Ce qui n'empêcha nullement les habitants de Roissac de plaider, en 1657, contre M. Léonor de la Rochefoucauld, qui avait tenté de faire défricher un marais.

Il est vrai qu'ils perdirent leur procès, ce qui arrivait souvent en pareil cas.

Les femmes étant seigneurs, elles avaient le droit de juger, d'absoudre ou de condamner. C'était une prérogative féodale qui se continua jusqu'à la fin du quatorzième siècle.

La chevalière fieffée siégeait aux assises, — et il n'est pas d'exemple qu'on en ait jamais vu une s'endormir à l'audience, — combien de juges ne sauraient être à l'abri de tout reproche à ce sujet!

Dans la longue énumération que nous venons de faire des droits attachés à une seigneurie, on trouve la banalité : — on entendait par là la banalité des fours, des moulins, et des pressoirs.

Cette banalité existait encore dans plusieurs provinces, quand éclata la révolution de 1789. Lorsqu'on parla d'établir une liberté universelle, les habitants d'un village de la Champagne adressèrent une pétition à l'Assemblée constituante pour la prier d'accélérer le moment tant désiré de la liberté de la *presse*, parce que les chanoines du lieu avaient un pressoir banal dont la jouissance coûtait trop cher aux habitants.

Le fait est consigné tout au long dans un ouvrage de M. d'Aquin.

Les droits attachés à une seigneurie ne se transmettaient que dans certains cas, et il ne faut pas croire que, dans le principe, le premier manant venu pouvait, à l'aide de ses écus, exercer les droits dévolus aux nobles.

Vers 1260, un bourgeois « extrait de race ignoble, » ainsi que le qualifie poliment le registre qui mentionne le fait, nommé Jean de Tronge, acheta un fief noble et voulut obliger un gentilhomme appelé messire Amaury, chevalier, à lui rendre hommage ; celui-ci refusa et il obtint un arrêt qui le dégageait de tout hommage.

Le seigneur de Vervins est le premier qui, au douzième siècle, fut animé de sentiments égalitaires assez rares à cette époque ; il se trouvait en avance de six ou sept siècles lorsqu'il octroyait à ses vassaux la charte célèbre qui porte son nom, et dans laquelle il était dit :

« Si un bourgeois a des démêlés avec son seigneur, ce dernier s'adressera aux échevins qui feront justice. »

Quel historien a cité ce fait à la décharge de la féodalité?

Et cependant, il faut le noter, car alors, comme la force et les droits étaient généralement du côté du seigneur, quand le vassal avait à se plaindre de son seigneur, il en était souvent réduit à demander le combat de Dieu, — duel singulier pendant lequel il était défendu sous peine de mort aux assistants de crier, de parler, de tousser, ni de cracher, — aussi les gens enrhumés faisaient-ils sagement de s'abstenir d'y paraître.

Quand un gentilhomme appelait un vilain, il devait se présenter à pied avec l'écu et le bâton; — s'il venait à cheval avec ses armes, — on lui retirait armes et cheval, et on le contraignait de combattre en chemise.

Il est probable que les duels judiciaires avaient lieu de préférence l'été.

En Saintonge, il y eut deux combats de ce genre entre un noble et un vilain, tous deux armés de bâtons; dans le premier, le noble était appelant et fut assommé, — le vilain ayant le poignet plus solide que son seigneur; — dans le second, où le noble était appelé, — il réclama et obtint le privilége, en vertu de sa naissance, de ne combattre qu'à cheval contre le manant à pied; — le pauvre diable fut en un clin d'œil foulé aux pieds du cheval — rompu de coups de bâtons — et finalement pendu.

Cela donnait quelque créance au dicton du pays :

« Un seigneur de paille, de beurre, ou de feurre (foin) vainc et mange un vassal d'acier, » — ou encore : « Un seigneur de paille met son vassal d'acier à sa table et le mange. »

C'est de la féodalité que date l'ignominie attachée au soufflet, et voici pourquoi :

C'est que, quand le gentilhomme appelait en combat le vilain, il gardait son casque et que le vilain combattait à visage découvert; lui seul pouvait alors recevoir des coups sur la face.

Donc, quiconque avait reçu un coup sur la figure avait été traité en vilain, ce qui était tout un.

Et lorsque le duel judiciaire fut aboli sous Philippe le Bel, en 1303, le coup frappé au visage conserva son caractère blessant, et il n'y avait pas d'injure qui le valût aux yeux d'un gentilhomme, puisqu'il l'abaissait au rang du vilain, — et ce singulier reste des coutumes féodales est peut-être celui qui est arrivé jusqu'à nous, en conservant toute sa force, puisqu'un soufflet est encore la plus mortelle insulte qu'on puisse faire à un homme.

L'anoblissement par les fiefs ne date que de 1270, époque à laquelle l'homme coutumier fut admis élgalement à posséder et à desservir un fief, et voyait sa troisième génération devenue noble.

En 1579, cet anoblissement fut aboli par l'ordonnance de Blois.

Tant qu'il dura, il rapporta des sommes importantes à la couronne, qui percevait volontiers des taxes sur les braves gens qui, bien qu'ignobles, — étaient toujours admis à payer.

Cette qualification d'ignoble était employée officiellement. Nous lisons dans l'ordonnance de 1320, rendue par Philippe V.... « Si personne ignoble a acquis possession en nos fiefs ou arrière-fiefs depuis soixante ans, sans le consentement de nous ou de nos prédécesseurs, elle payera l'évaluation de trois années de revenu. »

Les fiefs étaient créés pour les nobles ; — on trouvait naturel que ceux qui ne l'étaient pas remplaçassent leur noblesse par des écus.

La coutume de Montfort était qu'en succession de nobles, le fils aîné devait avoir en avantage sur les autres enfants, la maison forte, ou seigneuriale, avec le clos qui l'entourait, s'il en existait ; et s'il n'en existait point, l'étendue mesurée au vol d'un chapon, du fief noble et principal que le père possédait au moment de sa mort.

Le reste du bien était partagé par moitié, l'aîné prenait la première part, et la seconde était répartie aux autres enfants.

Cette coutume ne satisfaisait pas toujours les héritiers ; un gentilhomme mourut ne laissant pour héritage que l'hôtel seigneurial et le clos l'entourant.

L'aîné, aux termes de la loi, s'en saisit.

Ses frères plaidèrent contre lui, prétendant qu'en ce cas deux parts devaient être faites, l'une pour lui, l'autre pour eux.

L'aîné, fort de son droit et ne se souciant pas de partager, refusa de s'en tenir à la moitié, et un procès s'éleva qui eut le privilége de passionner si fort messieurs du Parlement de Paris, que, pendant quinze jours, le bureau délibéra sur cette grave question, et enfin, le 25 mai 1555, au rapport de M. Tiraqueau, l'aîné obtint gain de cause, et le Parlement décida gravement qu'il avait droit à l'hôtel et au clos, — c'est-à-dire à tout ce qu'avait laissé son père, et que ses frères avaient droit *au surplus*.

Le surplus, — c'était les frais qu'ils durent payer.

Dans la charte communale, donnée à Abbeville par Jean de Ponthieu, on lit ce curieux passage :

« Si quelqu'un m'a offensé (Jean, comte de

Ponthieu) de parole, ou bien un autre puissant ou impuissant, dans la ville ou dans la banlieue, il se pourra purger dans la ville. Que s'il ne veut ou ne peut le faire, il sera mis à l'amende selon le jugement des échevins, s'il est convaincu. »

La plus belle charte communale est sans contredit celle concédée, en 1188, par Philippe d'Alsace, comte de Flandre, aux habitants d'Aire; elle contient cette disposition remarquable :

« Douze juges choisis feront serment de voir d'un œil égal le pauvre et le riche, le noble et celui qui ne l'est pas, le proche et l'étranger. »

Les droits des ecclésiastiques n'étaient ni moins nombreux ni moins bizarres parfois que ceux des seigneurs.

Les évêques de Meaux, en Brie, eurent le privilége de faire battre monnaie jusqu'au quatorzième siècle, et le jour de leur première entrée à Meaux, ils devaient être portés, depuis les portes de la ville jusqu'à la cathédrale, par quatre seigneurs vassaux de l'évêché, le vicomte de Meaux, le vidame de Trie-le-Bardou et les seigneurs de Saint-Clerc de Mareuil et de Boulard.

Mais cet honneur coûtait cher au nouvel évêque, car de son côté le vicomte de Meaux prenait, pour s'indemniser de la peine d'avoir prêté ses épaules au prélat, toute la vaisselle d'or et d'argent servie ce jour-là sur la table épiscopale, l'anneau de l'évêque et le drap d'or qui couvrait sa litière.

L'histoire, malheureusement, ne rapporte pas ce que les trois autres portants s'adjugeaient, mais s'ils se rémunéraient dans la même proportion, — l'évêque devait regretter sa monture ordinaire.

Puisque nous sommes à Meaux, ajoutons que, par une charte, que la ville tenait de la libéralité des comtes de Champagne, la commune devait faire crédit au seigneur, lorsqu'il venait dans son chastel, de pain, vin et chair, mais, si le seigneur ne payait pas dans la quinzaine, elle était autorisée à lui couper les vivres net, c'est-à-dire à ne plus lui accorder aucun crédit.

Il faut croire que les seigneurs de Meaux, très-bons gentilshommes, du reste, avaient la réputation d'être assez mauvaises payes.

En Touraine, les barons portaient également sur leurs épaules l'archevêque de Tours le jour de son entrée dans la métropole, — et la coupe d'or dont il se servait appartenait au seigneur de la Haye, ainsi que les viandes et les vins non consommés, qui avaient figuré sur la table du prélat.

Les Tourangeaux étaient plus réservés que les Champenois.

Le baron de Ceissac, vassal de l'évêque de Cahors, était obligé, lorsque l'évêque faisait sa première entrée dans la ville, d'aller l'attendre dans un endroit désigné, de le saluer nu-tête, sans manteau, le pied et la jambe droite nus; il conduisait ensuite l'évêque à la cathédrale, en tenant sa mule par la bride, puis il le servait à table pendant le dîner, — après quoi la mule et le buffet devenaient sa propriété.

Quelque bizarre que fût l'observance de ce droit, le baron de Ceissac tenait à y faire honneur; car, en 1627, l'évêque de Cahors ayant cru devoir se dispenser de le réclamer, le baron lui fit un procès, — le gagna, — et obligea l'évêque à lui payer 3,000 livres pour la valeur du buffet.

La dignité de chanoine de Saint-Germain d'Auxerre appartenait à la maison de Chastellux, par privilége du 16 août 1423. Le titulaire en prenait possession dans l'équipage que voici :

Il se présentait à la porte du chœur en habit militaire, botté et éperonné, un surplis blanc sur l'habit et, par-dessus le surplis, un baudrier soutenant une épée ; il était ganté ; sur le bras gauche, une aumusse ; sur le poing, un faucon ; dans la main droite, un chapeau orné de plumes blanches.

Cet accoutrement grotesque fut celui dont s'affubla, le 2 juin 1732, M. le comte de Chastellux, brigadier du roi et capitaine-lieutenant des gendarmes de Flandre !

Nous avons dit que les seigneurs de Meaux étaient tenus de payer, dans la quinzaine, ce qu'ils prenaient à crédit. Le comte et la comtesse de Béthune avaient droit à un mois pour solder la victuaille qui leur était nécessaire, mais à la condition de donner une caution suffisante.

D'un autre côté, pour les mettre à l'abri de la tentation que pouvaient avoir les gens de Béthune de profiter du crédit qu'ils faisaient au comte et à la comtesse, en augmentant le prix des denrées, ce seigneur et sa femme avaient dans la ville deux appréciateurs chargés de les estimer, comme si les choses achetées étaient pour eux-mêmes, et comme si l'on payait comptant.

Tout cela est consigné dans la charte de 1203, octroyée par Renaud, comte de Boulogne, et par la comtesse Ide, sa femme.

Les Boulonnais convaincus d'avoir volé cinq sous aux marchands étrangers étaient pendus, et leurs biens appartenaient au seigneur. — Il est permis de se demander quelle pouvait être l'importance des biens de gens risquant la potence pour voler cinq sous.

Il paraît d'ailleurs qu'à Boulogne on volait pour peu, car le cas est prévu où le coupable aurait volé moins de deux sous.

Dans ce cas, on lui coupait l'oreille.

Si les seigneurs ne jouissaient jadis que d'un crédit restreint, les abbés n'étaient guère mieux traités, car nous lisons dans la charte concédée, en 1153, aux habitants de Compiègne, par Louis le Jeune, que l'abbé avait le droit d'exiger trois mois de crédit de tout habitant « qui lui fournira pain, viande ou poisson, mais qu'il ne pourra ultérieurement exiger aucun autre crédit s'il ne rend point ou ne paye point après le délai.

« La durée de ce crédit sera réduite à quinze jours pour les pêcheurs étrangers à la ville, et, s'ils ne sont pas payés après ce temps, ils saisiront ce qu'ils pourront des biens de la commune jusqu'à concurrence de ce qui leur sera dû par l'abbé. »

Les gens de Ham jouissaient d'un privilége assez rare.

Ils avaient le droit de boire du vin sans en donner au seigneur, et celui-ci ne pouvait exiger qu'un cent d'œufs de ceux qui vendaient du sel.

On trouve encore, dans les chartes données aux

bourgeois de la même ville, en 1227 et 1528, cette singulière disposition :

« Chaque maréchal sera tenu de ferrer chaque année, et sans aucun salaire, un cheval appartenant au seigneur, mais celui-ci lui devra trois dîners par an.

« Si un valet accompagne le maréchal ferrant, les trois dîners se réduiront à deux. »

Le parlement de Paris était juge des différends qui pouvaient naître entre la commune et le seigneur de Ham.

On sait combien les coutumes de Laon provoquèrent de démêlés; on s'en rend compte en remarquant, qu'entre autres articles bizarres, elles contenaient celui-ci :

« Si un seigneur considérable du pays forfait contre les hommes de *la paix* (les bourgeois qui avaient juré la charte), les juges feront arrêter les hommes de ce seigneur et saisir leurs biens. »

C'est-à-dire que si le seigneur était coupable, — c'étaient ses gens qui étaient punis à son lieu et place.

Mais, à côté de cette anomalie, nous trouvons, dans la même province de Picardie, le seigneur astreint à certaines observances qui montrent une fois de plus que, si les seigneurs avaient des droits, ils avaient aussi des devoirs à remplir.

A Saint-Quentin, il était ordonné que le châtelain offrît un dîner aux échevins, — rien de plus naturel ; — mais ce qui l'est moins, c'est que le programme et le menu de ce dîner étaient arrêtés d'une façon si précise, que, si le seigneur s'en écartait, il était bien et dûment condamné à l'amende.

Voici comment Colliette rapporte, dans ses *Mémoires*, les détails de ce curieux dîner :

« Les échevins sont servis par le procureur et le greffier, portant serviettes blanches sur l'épaule et couronne de fleurs.

« A la première entrée, on sert un grand potage, bon pain, bon vin ; succèdent à ce mets poulets bouillis aux pois et pâtés de poulets encore ; ensuite vient un oison par deux échevins. Après ce service, on distribue de la carpe et du brochet par quartier sur des tranches de pain avec du verteille (oseille).

« Le seigneur ne pourra pas en imposer aux convives, sur la qualité de ces poissons, il doit les montrer vifs, la veille de la fête, à deux échevins ou à deux députés par eux, à l'effet de les visiter. On apporte ensuite bœuf salé et moutarde; chaque couple d'échevins a son plat. La viande rôtie qui suit est au choix du seigneur. On lève la première nappe et l'on sert alors, à chaque convive, une tarte et des cerises, de la crème couverte d'un large craquelin et entremêlée de fromages, présentés par quartiers sur deux pains blancs tenant ensemble, de grosses noix et de gâteaux secs. On ôte la seconde nappe, chaque échevin reçoit un grand verre d'hypocras accompagné d'une large distribution de métiers ou oublis, qu'il lui est permis d'envoyer à sa femme, à sa fille ou à sa parente. L'un des clercs servant demande alors aux échevins s'ils veulent réitérer de la liqueur.

« Le dîner terminé, on se couvre de bouquets et de couronnes. »

Puis on lisait les statuts qui avaient autrefois réglé l'ordonnance du festin, et si le seigneur, oublieux ou inattentif, avait omis quelque plat ou commis quelque bévue dans le cérémonial, on le condamnait à donner un nouveau dîner et à payer une certaine somme à chaque échevin pour l'avoir fait assister à un dîner tronqué.

Bien que l'axiome féodal : « Nulle terre sans seigneur, » ait eu longtemps force de loi, le Béarn offre cependant une curieuse exception à la règle.

Le fors de Béarn nous l'apprend : les Béarnais, désireux de se choisir un maître, entendirent parler d'un chevalier du Bigorre, qu'ils allèrent chercher pour en faire leur seigneur.

Puis comme au bout d'un an, ce seigneur ne les contint pas dans leurs fors coutumes, ils le tuèrent et allèrent en chercher un autre en Auvergne ; la même raison le fit occire au bout de deux années ; enfin ils entendirent parler d'un chevalier de Catalogne, dont la femme était récemment accouchée de deux jumeaux ; ils s'avisèrent alors de demander un de ces enfants pour seigneur, dans l'espérance qu'élevé chez eux, il serait plus disposé à les aimer.

Mais lequel des deux choisir ?

Deux prudhommes béarnais se chargèrent de résoudre le problème ; ils partirent pour la Catalogne, et demandèrent à être introduits auprès des enfants.

Ils les trouvèrent endormis, l'un ayant les mains fermées, l'autre les tenant ouvertes.

Et ils s'en revinrent avec celui qui dormait les mains ouvertes, car c'était bon signe pour ceux qui devaient tout attendre de lui.

Cet enfant, pris au berceau, s'appelait Raymond de Moncade, et fut le meilleur seigneur de son temps ; de lui descendit le fameux *Phœbus*, le Louis XIV du Béarn.

Le Béarn est peut-être la province où le serf était le moins sujet à l'arbitraire, la servitude, d'ailleurs, étant dans ce pays une exception.

A côté de ceci, nous voyons pourtant dans leur législation des peines barbares ; ainsi un article du fors de Morlaas, porte que, quiconque réclame en vertu d'un titre déjà payé, sera puni ainsi qu'il suit :

Le seigneur lui fera attacher le titre au front avec deux clous de la moitié du gros doigt de la main, aplatis par la tête, et le coupable ira ainsi d'un bout à l'autre de la ville précédé d'un crieur disant au peuple : « Qui ainsi fera, ainsi puni sera. »

Et le seigneur eût eu mauvaise grâce à ne pas faire exécuter la loi, puisque, lorsqu'il ne maintenait pas les fors et coutumes, il était tué par les Béarnais.

Le vol y était puni de la damnation éternelle!

Selon la coutume de Bourgogne, tout détenteur de fief ou de franc alleu, surmontait sa demeure d'une girouette sans queue, les girouettes à queue étant réservées aux seigneurs revêtus de dignités, et celles de forme carrée désignant le toit d'un seigneur banneret.

M. A. Fourtier, dans un article spécial, raconte comment le marquis de Balay, seigneur de Marigna, ayant acheté de vastes terrains aux cordeliers, moyennant, entre autres charges, 30 sols de cens, se vit dans l'impossibilité de faire placer des girouettes sur les bâtiments qu'il y fit construire, en raison de ce qu'ils se trouvaient dans la censive des cordeliers, et fut obligé d'en obtenir d'eux l'autorisation spéciale, en reconnaissant, par acte en bonne et due forme, que l'établissement de ces girouettes ne pouvait faire obstacle ni aux 30 sols de cens, ni à tous les droits en dépendant.

Les sires de Bourbon, de Donzy, de Mauléon, de Parthenay avaient, outre ces droits ordinaires des seigneurs, celui de battre monnaie.

Et ils y tenaient beaucoup, comme ils tenaient d'ailleurs au plein et entier exercice de tous les autres droits et priviléges que leur procurait leur qualité.

Les seigneurs de Tancarville étaient humains pour le pauvre monde; aussi une charte de l'un d'eux accorde aux infirmes la licence de prendre des lièvres sur sa garenne.

Je crois que la permission de chasser le lièvre,

octroyée à des *infirmes*, ne devait guère dépeupler la garenne!

La vieille coutume de Paris, d'Orléans et de Picardie, portait que, si un homme n'étant noble du côté paternel, quand il l'aurait été de dix races du côté maternel, était assez hardi pour se présenter à recevoir l'ordre de chevalerie, que son seigneur pouvait lui faire trancher ses éperons sur un fumier, en raison de ce principe : *La verge anoblit, le ventre affranchit.*

Blaise d'Auriol, natif de Castelnaudary et professeur de droit canon à Toulouse, demanda à François Ier, en 1533, à son passage par cette ville, d'accorder à l'université le titre de noble, et aux professeurs le privilége de faire des chevaliers. Ce prince fit droit à sa demande.

Toutefois, les chevaliers de l'université toulousaine ne furent jamais considérés comme nobles par le seul fait de leur titre universitaire.

Pas plus que les médecins ou avocats, qui vivaient noblement sans être nobles, bien qu'il eût été d'usage qu'ils prissent la qualification de nobles; c'était un simple titre d'honneur, une noblesse de lettres purement personnelle.

Voici le texte d'un arrêt du conseil du 4 janvier 1699, qui définit parfaitement la question :

« Nous, commissaires généraux, en vertu du pouvoir à nous donné par Sa Majesté, avons déchargé et déchargeons les avocats et médecins de la ville de Lyon, des assignations qui leur ont été données (comme usurpateurs de noblesse), *sans que les qualités de* NOBLES *qu'ils ont prises ci-devant et prendront ci-après* conjointement avec celles d'avocat et médecin leur puissent acquérir et à leurs enfants et successeurs, le titre de noblesse, à moins qu'ils ne l'aient de race et d'ancienneté. »

Il en était de même à l'égard de la noblesse *littéraire, spirituelle et des savants, noblesse* toute personnelle.

Mais ceci sort de notre cadre, nous sommes au seuil d'une question sérieuse, arrêtons-nous, puisqu'elle n'offrirait à nos lecteurs que des détails dépourvus de toute espèce de singularité.

CHAPITRE IV

LES DAMES NOBLES DE FRANCE

I

LEURS DROITS, LEURS ARMES ET LEURS PRIVILÉGES

Les exploits des gentilshommes, les actions éclatantes des guerriers, les actes de courage des chevaliers, ont fourni la matière de bien des volumes et enrichi toutes les histoires de la vieille France de récits pompeux et de brillantes narrations; mais la plupart des historiens ou des biographes, qui se sont donné la tâche de transmettre à la postérité les noms fameux qui ont illustré le corps magnanime de la noblesse française, si prodigue de son sang, et si justement célèbre par son dévouement et sa fidélité au souverain, ont laissé trop souvent dans l'ombre la plus brillante partie de cette noblesse, celle qui sait si bien allier la beauté, la grâce et l'esprit aux grandes qualités du cœur, au désintéressement et à l'héroïsme.

Nous voulons parler de la partie féminine.

En effet, les généalogistes, les historiographes et les hérauts d'armes ont consigné avec soin, dans les nobiliaires et les armoriaux, les moindres ramifications des plus minces branches masculines des arbres généalogiques, et c'est tout au plus s'ils ont indiqué les dates de naissance et de mariage des belles et saintes châtelaines, des nobles damoiselles, des fières gentilsfemmes dont la France s'est enorgueillie avec tant de raison, et dont elles furent le plus beau, le plus riche et le plus splendide ornement.

A part quelques célèbres individualités, qui durent leur renommée à la position exceptionnelle qu'elles occupaient auprès des rois; à part les noms des dames nobles dont le monde connaît les royales amours et les bruyantes passions, on ignore en quelque sorte jusqu'à l'existence de celles qui ont soulevé jadis d'unanimes concerts d'admiration, qui ont partagé la gloire des chevaliers comme elles ont partagé leurs périls, qui ont été l'objet et la cause des combats, des tournois et des fêtes les plus magnifiques, qui ont été aimées et honorées par les gentilshommes les plus nobles, et enfin qui ont aidé au triomphe de la courtoisie et de la civilisation sur la rudesse et la barbarie, donné leur amour en récompense de la valeur et du courage, et consacré leurs jours au service de la foi.

Oh! chaque feuillet de l'histoire doit contenir le récit de quelque belle œuvre de dame noble : piété, dévouement, abnégation, encouragement, charité ou consolation, elle a tout pratiqué et tout enseigné.

La féodalité assigna à la femme un noble rang.

Son ascendant ne fut jamais méconnu, et les grossiers hommes d'armes, bardés de fer et hérissés de sauvagerie, ne furent toujours que les esclaves obéissants de la dame de leur pensée.

A ce temps de la chevalerie, les dames nobles étaient si haut placées dans l'esprit des vaillants champions de leur beauté et de leurs vertus, qu'une charte de Bigorre, datée de 1097, concédait à la femme le plus beau droit qu'elle pût envier, celui de sauver quiconque s'approchait d'elle; puisque le criminel qui, selon cette charte, se réfugiait auprès d'une dame, était aussi en sûreté pour sa personne que s'il fût entré dans une église ou un monastère.

Au moyen âge, l'amour était une sorte de vassalité dont la femme était la suzeraine.

Un amour pur, chaste, comme devait l'être la passion de gens qui faisaient vœu de s'enchaîner pour la vie dans les mêmes liens et qui s'estimaient heureux de posséder, non les faveurs de leurs belles, mais une simple écharpe brodée par leurs mains.

C'était probablement de cet amour-là qu'étaient animés les cent chevaliers qui, au treizième siècle, se tonsurèrent pour la comtesse de Rodez, et le troubadour Geoffroi Budel qui, sur la seule renommée de la beauté de la comtesse de Tripoli, s'embarqua tout exprès pour aller lui témoigner le sentiment qu'elle lui inspirait et mourut en sa présence, suffoqué par la joie et le ravissement. Tout chevalier devait avoir sa *dame*, dont le souvenir redoublait son courage et à qui il rapportait le prix de ses triomphes.

Certes, le respect et l'amour des dames étaient profondément enracinés dans le cœur des preux du moyen âge, et les dames nobles tinrent souvent entre leurs mains les destinées des plus hauts barons et des plus puissants seigneurs de la France, car, sur le signe de l'une d'elles, vingt chevaliers se levaient et se disputaient l'honneur de soutenir l'éclat de son nom, de sa réputation ou de sa beauté.

Le rang qu'elles occupaient dans la société féodale était un hommage rendu à leur suprématie et à leurs charmes.

Reines des fêtes, des tournois, des carrousels, leur puissance est absolue et leur autorité toujours respectée.

A la seule vue d'une coiffe de dame, abaissée par un juge de camp devant un chevalier assailli contre les règles par plusieurs combattants, ceux-ci s'arrêtent, immobiles, et les bras armés retombent sans frapper.

Les femmes ont été de tous temps l'objet d'une déférence naturelle, et cependant, le droit qu'elles ont de porter un titre de noblesse et des armoiries leur a été dénié par des écrivains et des juges d'armes; et, à l'heure où nous sommes, princesses ou duchesses, marquises ou comtesses, baronnes ou gentilsfemmes savent à peine placer leur écu et timbrer leurs armes.

Nous allons d'abord établir leur droit à la noblesse et aux armoiries, et examiner les curieux débats survenus à la suite des diverses opinions qui l'ont attaqué ou défendu.

Lorsqu'un homme noble épousait la fille d'un serf, il ne l'anoblissait pas et elle n'en était pas moins serve, quoique épouse d'un gentilhomme, parce que ce gentilhomme ne pouvait l'affranchir sans le consentement de son seigneur suzerain.

Tel est l'avis exprimé par Loisel dans ses *Institutes coutumières*.

André Duchesne, dans son *Histoire de la maison de Châtillon*, prétend, avec Thomas Smitt, d'Angleterre, que la femme porte, en se mariant, son nom et ses titres dans la superintendance du mari, et que, dès lors, prenant son nom et scellant de ses armes, ses qualités personnelles se trouvent annihilées.

C'est l'opinion du jurisconsulte, qui a dit brutalement : la femme est le commencement et la fin de la famille.

Cependant un plaidoyer du 29 décembre 1583 établit que : « les femmes n'ont armes, ors qu'elles portent l'écu mi-parti de leurs maris et de leurs pères, pour signe de quelle maison elles sont issues et en quelles elles sont. »

Le droit d'accoler son écu à celui de son mari est donc le droit de la femme noble. De même, un privilége étant donné par un souverain à un gentilhomme et à ses descendants, ce privilége s'étend à ses filles mariées ou non mariées, quand le privilége n'a pas eu soin de dire ses *descendants mâles*.

Un enfant peut écarteler ses armes de celles de sa mère, quoiqu'il n'en puisse porter le nom.

Jacques le Boucq, héraut d'armes, lieutenant de messire Antoine de Baulincourt, chevalier, seigneur de Belleville, souverain roi d'armes de la Toison d'Or, donne également un avis favorable au droit qu'ont les femmes nobles de porter des armoiries.

Nous avons dit que les dames nobles mariées portaient un double écu : le leur et celui de leur mari.

On voit dans les siècles passés plusieurs exemples de blasons *partis*, c'est-à-dire contenant en même temps les armes du mari et celles de la femme ; mais cette façon de les mélanger défigurait les unes et les autres.

A partir de la fin du seizième siècle, on détacha complétement les armes, de manière à former deux écussons.

Les dames veuves les portent de la même façon

en conservant celles de leurs maris défunts, jusqu'à ce qu'un nouveau mariage leur en donne de nouvelles.

Et enfin les demoiselles laissent à côté de leurs armes un écu blanc, qui est réservé aux armes de leurs futurs époux.

Un autre signe distinctif de la position de fille, femme ou veuve, est la cordelière; nous en reparlerons tout à l'heure.

Les écus sur lesquels sont représentées les armoiries des femmes nobles sont en forme de losange.

Cette forme a été choisie, selon les uns, parce qu'elle est celle de la feuille du laurier (*Quasi laurangia*), selon un autre, parce qu'elle ressemble à celle du fuseau, qui doit être le bouclier dont l'honnête femme doit se servir pour se défendre contre l'oisiveté.

Cette étymologie est trop raisonnable pour que nous nous permettions de la discuter, et le même auteur ajoutant que le fuseau est l'épée de la femme, mérite, certes, toute notre approbation.

Depuis un grand nombre d'années, les losanges

des femmes nobles ont dégénéré soit en *ovales*, à la manière des Italiens, soit en *écus* semblables à ceux des hommes, malgré ce qu'en dit formellement Jacques le Boucq à ce sujet :

« Elles ne les peuvent, ne doivent porter en écus fors en losange, si elles ne sont reines; car adoncques peuvent et doivent porter leurs armes en écu, et ce fait la couronne, qui leur donne cette prérogative. »

Une exception cependant doit être faite à cette règle; c'est celle résultant du cas où la femme noble a pris les armes ou le commandement d'une armée, auquel cas elle a le droit de porter l'écu, devant être considérée comme ayant montré le courage et la valeur d'un homme de guerre; ainsi la comtesse de Montfort, qui se battit vaillamment contre Charles de Blois, dont le dessein était de s'emparer du duché de Bretagne, et fit voir « qu'en son cœur de femme battait un cœur de lion; » ainsi Jeanne d'Arc qui, anoblie par le roi Charles VII, portait sur écu ordinaire: *d'azur, à l'épée d'argent, la pointe haute, emmanchée de gueules, étoffée d'or, passant parmi une couronne en chef, et flanquée de deux fleurs de lis d'or, une à dextre, l'autre à senestre.*

La losange est donc la forme exacte de l'écu des femmes nobles; passons maintenant à la cordelière qui l'entoure en diverses circonstances.

La reine Anne, veuve du roi de France Charles VIII, ayant pris les habits de deuil à la mort de son époux, employa comme ceinture une cordelière de soie blanche, et entoura ses armes d'une semblable cordelière, nouée en quatre endroits et enlacée de quatre lacs d'amour, afin de témoigner publiquement par cette marque, l'amour profond qu'elle avait porté à son mari.

Bientôt, dans le but de rendre ce témoignage plus durable, elle fonda un ordre de chevalerie dont les statuts portent la date de 1498, et qui, sous le nom d'*ordre de la Cordelière*, fut destiné à récompenser les dames de haute noblesse qui formaient sa cour et qui se distinguaient par leur chasteté et leurs vertus.

Cet ordre fut, dès sa création, fort envié par les

dames, mais peu à peu ce zèle se refroidit, et un beau jour l'ordre disparut, à l'exception des cordelières, qui continuèrent à entourer les écus.

Les veuves seules doivent employer la cordelière, qui disparaît lorsqu'elles contractent un nouveau mariage. — C'est par abus que les femmes en puissance de mari se servent de cet ornement, malgré l'opinion de certains héraldistes, qui prétendent que la cordelière peut être indifféremment portée par les unes ou les autres, observant seulement de les fermer ou de les ouvrir pour marquer que les dames sont *liées* par le mariage ou *déliées* par le veuvage.

Les femmes mariées ne doivent entourer leur écu que de deux palmes, symbole de l'amour conjugal.

Les abbesses surmontent leur écu d'une crosse et l'entourent d'un chapelet.

Les prieurs portent le bâton bourdonné des pèlerins, derrière l'écu.

Les couronnes qui servent à marquer les titres des gentilshommes ne sont jamais portées par eux, si ce n'est en peinture au-dessus de leurs armoiries; certes, la couronne ducale ou comtale sur la tête d'un gentilhomme, habillé selon la mode du dix-neuvième siècle, serait quelque chose d'assez plaisant; mais jamais en France, même en remontant aux temps reculés, on ne rencontre la couronne faisant partie du costume.

Ce fut par suite de cette remarque que l'empereur Napoléon Ier substitua aux couronnes les toques empanachées qui pouvaient au besoin servir de coiffure.

Quant aux dames nobles, il était de règle, au moyen âge (et plus tard la mode fit tour à tour revivre et disparaître cet usage), qu'elles portassent au sommet de leur chevelure la couronne d'or, *perlée, hachée*, ou le *tortil*.

Outre ces marques de noblesse, plusieurs ordres de chevalerie furent créés spécialement pour les dames nobles; et quelques autres, destinés à récompenser le courage, la bravoure et les vertus, admirent des chevalières.

En France les ordres féminins, furent peu nombreux ; à part le *collier céleste du saint Rosaire*, institué en 1645 par la reine Anne d'Autriche, et qui avait pour but d'honorer par un signe distinctif les cinquante demoiselles de la cour les plus pieuses et les plus nobles, il n'exista guère que celui de la *Cordelière*, dont nous avons déjà parlé, qui fût entièrement composé de dames.

Les nations étrangères en comptèrent davantage. En Autriche, *les Dames esclaves de la vertu* et celui des *Dames réunies pour adorer la Croix*, plus connu sous le nom d'*ordre de la noble Croix*, se distinguèrent brillamment.

Ce fut l'impératrice Éléonore de Gonzaga qui fut la fondatrice de ces deux institutions; celui de *la noble Croix* doit son origine à une circonstance toute particulière, et qui mérite d'être signalée.

Au milieu de l'hiver de 1668, toute la cour était réunie au palais impérial de Vienne, le froid était intense, et depuis le commencement de janvier, la neige et la gelée n'avaient cessé. Pendant les derniers jours du mois, un vent terrible souffla avec une violence inaccoutumée. — Or, un jour que l'impératrice, retirée dans son appartement, se délassait en devisant avec ses dames d'honneur des fatigues du pouvoir, des cris sinistres se firent entendre, des bruits confus s'élevèrent, une agitation extraordinaire avait succédé au silence; déjà l'impératrice donnait des ordres pour s'informer de la cause du tumulte qui allait toujours croissant, lorsque son regard s'arrêta sur les flammes qui entouraient l'aile du château dans laquelle elle se trouvait. Saisie d'effroi, elle n'eut que le temps de se réfugier, suivie de ses dames, dans un bâtiment voisin. Une heure plus tard, le feu dévorait les riches tentures et les meubles précieux, en ne laissant debout que les murailles.

Parmi les objets de valeur dont l'impératrice déplorait la perte, il était une petite boîte en bois ornée de cristal et d'émail qui renfermait un morceau de la vraie croix.

Or, le 6 février, c'est-à-dire quatre jours après l'incendie, les gens qui enlevaient les décombres amoncelés dans les cours, retrouvèrent au milieu de la cendre le morceau de la vraie croix parfaitement conservé, bien que la boîte qui le renfermait eût été entièrement consumée.

L'impératrice fut tellement frappée de ce prodige, que, sans plus tarder, elle décida, afin de perpétuer le souvenir de cet événement, qu'un ordre de chevalerie serait formé sous le nom de *la noble Croix*, et que seules, les dames qui appartenaient à la noblesse et qui se distingueraient par leurs bonnes œuvres, leur vertu et leur charité, seraient admises à en faire partie.

On compte :

En Espagne, l'ordre royal de la *reine Marie-Louise*, créé en faveur des dames nobles qui se distinguent par leurs services, leurs preuves d'attachement à la famille royale et leurs vertus; l'ordre des *Dames de la Hache*, destiné à récompenser les dames de Tortose qui avaient sauvé la ville en s'unissant aux troupes qui la défendaient; celui des *Dames de l'Écharpe*, résultant d'une cause semblable; en Bavière, l'ordre d'*Élisabeth*; en Suède, ceux d'*Amaranthe*, de *Louise-Ulrique*, de *Marie-Éléonore*; en Portugal, l'ordre de *Sainte-Isabelle;* tous destinés à récompenser les nobles dames qui joignirent aux grâces de leur sexe les mâles vertus du nôtre.

Dans certains ordres, exclusivement réservés aux hommes, on a admis cependant, et par exception, des dames qui s'étaient signalées par des actes hors ligne, mais ces exceptions sont excessivement rares.

L'ordre de *Malte* compta aussi quelques dames parmi ses membres dans trois cantons de la France.

L'ordre de *Saint-Jacques de l'Épée,* en Espagne et en Portugal, admit dans son sein des religieuses chevalières.

L'ordre du *Camail,* créé en France, en 1393, par Louis de France, duc d'Orléans, comte de Valois, en réjouissance de la solennité du baptême de son fils aîné, Charles d'Orléans, fut accordé aux deux sexes par le roi Louis XII.

Madame de Genlis demanda la croix de la Légion d'honneur pour les femmes et composa un mémoire à ce sujet, mais sa demande fut énergiquement refusée.

On sait qu'à Schœnburn fut signé par Napoléon, le 15 décembre 1805, le décret qui établissait des maisons d'éducation pour les filles des membres de la Légion d'honneur.

Mais en France, la croix en principe ne se donne pas aux femmes, et c'est par exception que le souverain en a décoré quelques-unes, encore sont-elles simplement *décorées de la Légion d'honneur;* mais elles ne font partie de l'effectif et ne figurent pas aux matricules.

Depuis le second Empire, furent décorées : sœur Rosalie Rendu, sœur Hélène Dussoullier, madame Abicot de Ragis, sœur Barbe Chagny, madame Massin, mademoiselle Rosa Ronheur.

Plusieurs femmes ont été également décorées de la médaille militaire, ce sont : mesdames Rossini, Trimoreau, Cros, Malher et Bourget ; toutes cinq furent vivandières, et c'est à ce titre qu'elles durent d'être médaillées.

II

LES DAMES NOBLES AUX CROISADES

Les gentilshommes ne s'armèrent pas seuls pour aller conquérir les lieux saints. On vit une certaine quantité de dames de haut rang abandonner les doux loisirs de la vie de châtelaine, et accompagner leurs maris dans la sainte guerre qui les appelait en Orient.

Voici, d'après *la Noblesse de France aux croisades*, la nomenclature de celles qui ne craignirent pas d'affronter les innombrables dangers d'une expédition guerrière, et qui tinrent à honneur de combattre vaillamment pour le soutien de la croix.

Marie de Jérusalem, impératrice de Constantinople, par suite de son mariage avec Beaudouin II de Courtenay.

Adélaïde, comtesse de Sicile, reine de Jérusalem, par suite de son mariage avec Beaudouin d'Édesse. Cette union fut contractée du vivant de la première femme de Beaudouin, qui devint bigame.

Mélissendre, régente du royaume de Jérusalem, épouse de Foulques V, duc d'Anjou, et fille de Beaudouin du Bourg.

Gundeschilde, reine de Jérusalem par suite de son mariage avec Beaudouin d'Édesse.

Isabelle, de France, reine de Navarre.

Éléonore de Guienne, reine de France par suite de son mariage avec Louis le Jeune. Elle était fille de Guillaume IX, duc d'Aquitaine.

Alix de Champagne, reine de Chypre par suite de son mariage avec Hugues de Lusignan. Elle était fille de Henri le Jeune, comte de Champagne, et d'Isabelle de Jérusalem.

Marguerite de Provence, reine de France par suite de suite de son mariage avec Louis IX.

Isabelle, princesse de Navarre, fille de Louis IX.

Érine, princesse d'Antioche.

Talquery, princesse de Bretagne.

Esmengarde d'Anjou, duchesse de Bouillon.

Blanche de Navarre, duchesse de Bretagne, par suite de son mariage avec Jean Roux.

Béatrix d'Angleterre, duchesse de Bretagne, par suite de son mariage avec Jean II.

Béatrix de Provence, duchesse d'Anjou.

Sybille, marquise de Montferrat.

Jeanne de Toulouse, comtesse de Poitiers.

Maurille, comtesse de Rancy.

Comtesse d'Artois.

Amicie de Courtenay, comtesse d'Artois.

Comtesse de Blois.

Comtesse de Joppé.

Elvire, comtesse de Toulouse.

Ide de Louvain, comtesse de Hainaut.

Hodierne de Jérusalem, comtesse de Tripoli.

Yolande de Châtillon, dame d'Archambaud de Bourbon.

Eschève de Montbelliard, épouse du sire de Baruth, sénéchal du royaume de Chypre.

Marthe de Rimel, châtelaine de Sidon.

Alix, dame d'Oudenarde.

Marie des Vertus, dame d'honneur de Marguerite de Provence.

Yolande de Brienne.

Isabelle, dame d'Honfroy de Thoron.

Sybille de Flandre.

Constance, veuve Raymond de Poitiers, dame de Renaud de Châtillon.

Dame Mahaut de Montreuil.

Pasque de Rivry.

On le voit, reines, duchesses et comtesses fournirent leur contingent aux croisades, et plusieurs d'entre celles que nous venons de citer s'illustrèrent d'une façon glorieuse.

Quant aux dames nobles qui restèrent en leur manoir, tandis que leurs maris guerroyaient, outre les périls qu'elles couraient en restant seules sans défense, les tourments de l'absence les assaillirent, et plus d'une fut à jamais privée de revoir l'époux qu'elle chérissait.

Sybille, épouse de Geoffroi de Châteaubriand, avait vu partir celui-ci pour la croisade, et quoiqu'elle en fût tendrement aimée, jamais il ne voulut consentir à ce qu'elle le suivît au pays d'outre-mer.

Prières, supplications, tout fut inutile, Sybille dut se résoudre à une séparation dont nul ne connaissait le terme, et Geoffroi partit, faisant taire la voix de l'amour au commandement de celle du devoir, qui lui ordonnait de grossir l'armée des croisés.

C'était un noble chevalier que Geoffroi de Châteaubriand ! Il se battit comme un lion, et le roi saint Louis, pour le récompenser de son grand courage, lui permit de porter pour armoiries : *de gueules, semé de fleurs de lis d'or*, en remplacement de ses armes, qui étaient : *de gueules, semé de pommes de pin sans nombre*, et lui donna cette devise : *Mon sang teint les bannières de France.*

Or, tandis qu'il se couvrait ainsi de gloire, la triste Sybille comptait les jours et les mois qui s'écoulaient sans qu'elle reçût de nouvelles de son époux bien-aimé.

Plus de doux lais d'amour chantés ensemble,

le soir, à l'heure où la lune argentait le sommet des hautes tours du château fort !

Plus de vêtements de fête, plus de belles promenades sur les blanches haquenées, le long des grèves battues par les vagues bleues qui semblaient murmurer le nom des deux époux ! Plus rien que la solitude et le silence.

La dame de Châteaubriand, confinée dans son oratoire, ne cesse d'adresser des vœux au ciel pour le prompt retour de celui qu'elle aime, et les seules visites qu'elle reçoit sont celles des pèlerins qui s'arrêtent au castel avant de se diriger en Syrie.

Mais voilà qu'un jour un nuage de poussière enveloppe des cavaliers qui paraissent se diriger en toute hâte vers la demeure hospitalière, les bannières sont déployées, et des cris de joie sont poussés par les étranges visiteurs en reconnaissant les vieilles tourelles.

Bientôt le pont-levis s'abaisse, les cors retentissent, et Geoffroi de Châteaubriand se précipite dans les bras de Sybille.

Hélas! la joie tue comme la douleur. A peine la châtelaine a-t-elle reconnu l'homme à qui elle a donné sa foi, que le saisissement, l'allégresse s'emparent d'elle, et elle tombe morte en prononçant le nom de son époux.

Souvent aussi, trompées par de faux messages, vit-on des dames se croire veuves, et contracter de nouveaux liens avec des gentilshommes restés en France.

Parmi ces dernières, il faut citer la dame d'Anglure, qui fut bien près de commettre cette action.

Jean d'Anglure, après avoir été fait prisonnier par Saladin et recouvré sa liberté, revenait en France ; déjà il n'était plus qu'à quelques pas de son domaine, lorsqu'il aperçut un mouvement extraordinaire dans le château, qui paraissait être préparé pour une fête, il s'enquit de la cause.

On lui répondit qu'on allait célébrer les fiançailles de la veuve du noble chevalier d'Anglure avec le comte Haimfroy.

En même temps, le chef des archers, préposé à

la garde du castel, lui défendit d'approcher davantage, en le menaçant de le jeter en prison s'il avançait.

En vain Jean d'Anglure disait son nom; ses vêtements en lambeaux, sa longue barbe et son état misérable, tout concourait à le faire prendre pour un vagabond.

Le pauvre chevalier allait se retirer, le cœur navré, lorsque soudain il se rappela qu'il était possesseur de la moitié d'un anneau d'or dont l'autre moitié avait été donnée par lui à sa femme, lors de son départ pour la Palestine.

A la vue de cette preuve, l'archer alla prévenir la châtelaine, qui fut grandement surprise du retour de son époux, et l'assura que la certitude qu'elle croyait avoir acquise de sa mort l'avait seule déterminée à se remarier, mais que la cérémonie n'étant point faite, elle bénissait le ciel qui l'avait miraculeusement empêchée de devenir coupable sans le savoir.

La fête des fiançailles devint une fête de retour.

Ce fut probablement afin d'égayer un peu leur solitude, et de rompre la monotonie de leur existence, que les dames nobles s'assemblèrent en cours d'amour et formèrent ces réunions si célèbres dans l'histoire de la chevalerie.

La Provence fut leur berceau, mais elles se répandirent bientôt dans la plupart des autres provinces, et des arrêts fameux furent rendus touchant les graves questions de la galanterie et de l'amour chevaleresque.

Marie de France, femme du comte de Champagne Henri Ier, tint une des cours d'amour des plus renommées.

Phanette de Ganthelme, Laure de Noves, etc., se distinguèrent également par l'esprit et l'entendement qu'elles apportèrent dans la présidence de ces galants débats.

Les gentilsfemmes qui tenaient cours d'amour, étaient, d'ailleurs, de charmantes personnes, qui joignaient à l'ascendant de leur beauté celui d'une éducation soignée; elles s'adonnaient à l'étude des bonnes lettres et des sciences humaines, et rivalisaient souvent d'érudition et de talent avec les beaux esprits les plus vantés de l'époque.

Pour toutes celles qui demeuraient étrangères à ces délassements choisis, il ne restait guère que le travail et la prière, les deux principales occupations de leur vie, et celles qui trompaient le mieux la douleur de l'absence.

L'ennui vint souvent s'abattre sur les résidences féodales, et plus d'une fois des larmes brillèrent dans les yeux des tristes dames qui passaient les longues heures des soirées d'hiver, assises seules devant une vaste cheminée et brodant sur quelque léger tissu le chiffre de l'époux guerroyant en Palestine.

Doit-on se montrer bien sévère à l'égard de celles qui, par exception, ont cherché dans l'amour de quelque beau page, des consolations et des joies que plusieurs d'entre elles payèrent de la vie, témoin la belle Marguerite de Roussillon, qui se tua après avoir cédé aux instances de Guillaume de Cabestaing !

III

DU SACRE ET DU COURONNEMENT DES REINES DE FRANCE

Bien que les reines de France n'aient monté sur le trône que comme femmes légitimes des souverains, et non pour y gouverner en leur nom, en raison de la loi Salique qui exclut les femmes de la succession à la couronne; néanmoins, comme elles partageaient les honneurs attachés à la royauté en leur qualité d'épouse et mère de rois, elles furent sacrées et couronnées publiquement.

Seulement on se servait pour l'onction, du saint chrême; le baume de la sainte ampoule étant spécialement réservé au souverain.

Les cérémonies du sacre et couronnement des reines étaient réglées comme toutes celles qui présidaient aux actes importants de l'ancienne monarchie.

C'était à Saint-Denis qu'elles se faisaient habituellement.

L'église était tendue des plus riches tapisseries de la couronne, et le chœur tapissé de velours cramoisi, semé de fleur de lis en broderie d'or.

Vis-à-vis le maître-autel, une estrade était élevée supportant le trône destiné à la reine, avec son prie-Dieu couvert de velours violet, semé de fleurs de lis en broderie d'or, et surmonté d'un dais de même sorte.

Du côté droit de l'autel, était une tribune vitrée pour le roi, et tout à l'entour de l'église, des gradins couverts de velours et destinés aux princes, aux prélats, aux grands officiers de la couronne et à toutes les personnes dont le rang ou la qualité étaient de nature à leur permettre d'assister au sacre.

Tout près de l'autel était dressée une table sur laquelle était posée la grande couronne, c'est-à-dire celle qu'on désignait sous le nom de couronne de Jeanne d'Évreux, femme de Charles IV. Elle était d'or, enrichie de rubis et de saphir et de grosses perles d'Orient ; la petite couronne de vermeil, faite spécialement à l'occasion du couronnement et que la reine offrait, après l'avoir reçue, au trésor de l'église de Saint-Denis, et enfin le sceptre, la main de justice et l'anneau.

A la droite était une autre table, chargée des offrandes qui devaient être distribuées aux dames pour les présenter.

Ces offrandes consistaient en deux petits barils d'argent doré pleins de vin, d'un pain d'argent, d'un pain d'or, et d'un cierge garni de treize pièces d'or.

Tout cela était posé sur des coussins couverts de tabayolles en damas blanc, frangées d'or.

Et au-devant de cette table était une chaire velours et or pour le prélat officiant.

La reine était vêtue d'un damas d'argent, par-dessus lequel elle portait un manteau royal de velours bleu, doublé d'hermine, semé de fleurs de lis sans nombre.

Marie de Médicis, femme d'Henri IV, dérogeant à l'usage, s'habilla d'un corsage de velours vert, brodé de fleurs de lis d'or, et d'un surcorps d'hermine garni de pierreries, avec le manteau royal fourré d'hermine.

Les princesses du sang qui accompagnaient la reine n'avaient que trois ou quatre fleurs de lis sur le manteau, et les duchesses et comtesses portaient leur couronne sur la tête.

Arrivée à Saint-Denis la veille du sacre, la reine était conduite à l'église par deux cardinaux, avec toute la pompe et le cortége qu'on peut imaginer. Les cent-suisses, les deux cents gentilshommes de la maison du roi, les tambours, les trompettes et les hérauts ouvraient la marche; puis venaient les chevaliers de l'ordre, les deux huissiers de la chambre, les princes, le grand maître et le grand chambellan qui portait le carreau sur lequel la reine devait se mettre à genoux.

Le dauphin, s'il en existait un, et le premier prince du sang, portaient les pans du manteau, dont la queue était soutenue par trois princesses.

Trois autres princes suivaient, avec la couronne, le sceptre et la main de justice.

La reine s'avançait alors vers le prie-Dieu, et recevait l'onction par les mains du prélat, qui l'oignait sur la tête et sur la poitrine en récitant les prières convenues, puis le grand aumônier de France présentait la grande couronne au cardinal qui la posait sur la tête de la reine, en récitant une oraison.

Cette couronne, retirée presque aussitôt à cause de son poids par deux des princes, était remplacée sur la tête de la reine par la petite couronne[1], et c'était alors que celle-ci recevait l'anneau, le sceptre et la main de justice.

Puis, elle allait s'asseoir sur le trône en face du maître-autel, tenant en mains les attributs de la royauté.

Alors une des premières dames d'honneur se

---

[1] Lors du sacre d'Anne de Bretagne, fille de François, comte d'Étampes et dernier duc de Bretagne, femme de Charles VIII, le duc d'Orléans lui soutint la couronne sur la tête, parce qu'elle « étoit trop grande et trop pesante. » Au couronnement d'Élisabeth d'Autriche, femme de Charles IX, ce furent les ducs d'Anjou et d'Alençon qui soutinrent la couronne. Au sacre de Marie de Médicis, il en fut de même.

levait et après plusieurs révérences présentait le livre de prières et les heures aux princesses, qui les remettaient à la reine.

Ensuite la messe commençait et l'évangile était porté à baiser à la reine.

Après le *Credo*, trois dames désignées à cet effet recevaient des mains du grand maître des cérémonies les offrandes qu'elles présentaient à la reine qui, à son tour, les remettait au prélat officiant.

Puis, retournant sur son trône, elle y attendait le moment de l'élévation où, se remettant à genoux devant l'autel, elle se préparait à recevoir la sainte communion des mains du cardinal, après toutefois qu'elle avait posé sa couronne sur un carreau placé à côté d'elle.

La cérémonie finissait par le baiser de paix donné, à l'*Agnus Dei*, par le second prélat.

Après quoi la reine était reconduite de l'église au palais, dans le même ordre qu'elle en était sortie, tandis que les hérauts distribuaient au peuple des pièces d'or et d'argent frappées à l'occasion du sacre.

Toutes les reines de France ne furent pas sacrées, voici la nomenclature exacte de celles qui ont reçu la sainte onction.

Berthe, femme du roi Pépin, sacrée en août 754.

Hermengarde, première femme de Louis le Débonnaire, en 816.

Judith, sa seconde femme, en 819.

Hermentrude, femme de Charles le Chauve, en 866.

Frederune, première femme de Charles le Simple, le 18 avril 907.

Emmine, femme de Raoul, en 923.

Gerberge, femme de Louis d'Outre-mer, en 942.

Constance, femme de Robert, en 990.

Éléonore, femme de Louis VII, en 1137.

Constance, seconde femme de Louis VII, en 1152.

Adelle, troisième femme de Louis VII, en 1158.

Élisabeth, première femme de Philippe Auguste, le 29 mai 1180.

Blanche, femme de Louis VIII, le 6 août 1223.

DU SACRE ET DU COURONNEMENT DES REINES. 241

Marguerite, femme de saint Louis, en 1224.

Marie, femme de Philippe le Hardi, en août 1274.

Jeanne, femme de Philippe le Bel, en août 1285.

Clémence, seconde femme de Louis le Hutin, le 13 août 1315.

Jeanne, femme de Philippe le Long, en 1316.

Jeanne, femme de Philippe de Valois, en 1328.

Jeanne, seconde femme de Jean Ier, le 26 septembre 1350.

Jeanne, femme de Charles V, le 19 mai 1364.

Isabelle, femme de Charles VI, le 12 août 1389.

Anne, femme de Charles VIII, en 1504.

Claude, première femme de François Ier.

Éléonore, seconde femme de François Ier, le 5 mars 1531.

Catherine, femme d'Henri II, en 1549.

Marie, femme de François II, le 24 avril 1558.

Élisabeth, femme de Charles IX, en 1571.

Marie, seconde femme d'Henri IV, 13 mai 1610.

Ajoutons à cette liste le couronnement et le sacre de Joséphine, première femme de l'empereur Napoléon Ier, qui eut lieu le 2 décembre 1804.

Au sacre de Philippe le Long et de sa femme, Mahaut, comtesse d'Artois et de Bourgogne, mère de la reine Jeanne, épouse du nouveau roi, fut présente à la cérémonie et soutint, avec les autres pairs, la couronne royale sur la tête du monarque en sa qualité de *pair de France*.

La même comtesse d'Artois siégeait au parlement en raison de ce que le comté d'Artois, qui tombait en quenouille, lui appartenait en propre.

Elle ne fut pas la seule femme qui jouit des prérogatives de la pairie.

Madame d'Aiguillon devint pair de France par la donation que lui fit le roi de son duché-pairie.

Mademoiselle de Montpensier était qualifiée de premier pair de France.

Sous le régime féodal, la femme pouvait devenir pair de France en possédant une pairie.

IV

DES ABBESSES, DES CHANOINESSES,
DES CHARGES D'HONNEUR, DES TITRES ET DES FONCTIONS
DES DAMES

Quelques dames nobles furent, au dire des historiens, pourvues de bénéfices ecclésiastiques masculins ; on cite l'exemple de Valtrade, que le roi Lothaire nomma abbesse des moines de Saint-Dié en Lorraine, celui de la princesse de Conti, qui jouissait de l'abbaye de Saint-Germain, et celui de Jeanne-Baptiste de Bourbon, qui fut abbesse supérieure de l'abbaye des Bénédictins de Marmoutiers.

Ces exemples sont rares, et on ne s'explique guère comment des princesses de sang royal se trouvèrent supérieures d'abbayes d'hommes.

Quant aux abbayes de femmes, c'est une autre affaire, et on sait qu'elles furent de tout temps l'asile naturel des filles de bonne maison, que la volonté paternelle, ou un goût naturel, enlevait au monde.

De même que, sous l'ancienne monarchie, les jeunes gens nobles, cadets ou puînés, se destinaient à l'état militaire ou à l'état ecclésiastique, les monastères de femmes se peuplèrent de filles nobles, qui cherchaient derrière les murs des couvents la paix et la tranquillité de conscience qu'elles croyaient le monde inhabile à leur donner, et de religieuses cloîtrées par la volonté de ceux qui avaient le pouvoir de leur imposer une vocation, que trop souvent, hélas! elles étaient loin d'éprouver.

Les monastères, couvents et abbayes de femmes, furent nombreux; leur origine date du quatrième siècle, et ils ne furent supprimés que par la révolution de 1789.

A cette époque, on comptait, rien qu'à Paris, soixante couvents de femmes, sous le titre d'abbayes, de prieurés, de maisons religieuses, de congrégations et de communautés,

Les religieuses les plus illustres, tant par leur naissance que par le renom qu'elles acquirent et le rang d'élévation qu'elles occupèrent, furent les *dames de Fontevrault*, dont l'ordre fut fondé en 1106, par Robert d'Arbinel, sous la règle de saint Benoît, règle mitigée par beaucoup de constitutions particulières.

L'abbesse de Fontevrault en était la supérieure générale, et tous les monastères d'hommes ou de femmes lui étaient subordonnés.

Les *Argensolles*, soumises à l'ordre de Cîteaux, et qui habitaient un monastère élevé au milieu d'une forêt du diocèse de Soissons. Elles furent instituées en 1224, par la reine Blanche de Castille, mère de saint Louis.

Les *Bénédictines*, religieuses de l'ordre de Saint-Benoît, qui se formèrent en communauté en 530, sous la direction de sainte Scolastique, sœur de saint Benoît; elles portèrent pour costume une robe noire et un scapulaire de même couleur, et sous la robe une tunique blanche.

Les *Ursulines*, instituées en 1537 par Angèle

de Brescia, pour instruire et élever les jeunes filles; le pape Paul III confirma l'ordre en 1544..

Le *Visitandines*, instituées en 1520 par François de Sales, en l'honneur de la visitation de la sainte Vierge, dans le but de soigner et visiter les pauvres malades.

Les *Feuillantines*, instituées par don Juan de la Barrière, abbé réformateur des Feuillants; les religieuses étaient soumises à l'observance de la règle de saint Bernard.

Les *Carmélites*, religieuses de l'ordre du Carmel, institué en 1224; sainte Thérèse le réforma en 1580, et imposa de nouvelles règles qui se modifièrent de nouveau au siècle suivant.

Les *Augustines*, instituées par saint Augustin, dont elles prirent le nom. Leur costume se composait d'une robe noire, d'une ceinture de peau et d'un voile rouge parsemé de croix.

Les *Bernardines*, religieuses de l'ordre de Saint-Benoît, réformé par saint Bernard.

Les *Capucines*, qu'on nommait aussi les filles

de la Passion, qui furent introduites d'Italie en France en 1602.

Les *Célestines*, religieuses de l'ordre de Saint-Benoît.

Les *Béguines*, qui n'étaient pas cloîtrées et ne faisaient pas de vœux. Ce fut le roi Louis IX qui fonda leur institution en 1264.

Les *Cordelières*, instituées par Marguerite de Provence, veuve de saint Louis. Elles conservaient le manteau royal de saint Louis dans leur communauté.

Les *Théatines*, instituées par Ursule Bonincasa, sur la fin du seizième siècle. On les divisait en Théatines de la Conception et Théatines de l'Hermitage.

La plupart des supérieures de ces congrégations furent non-seulement des dames nobles, mais encore des femmes appartenant aux meilleures familles de France.

Le nombre des religieuses, peuplant les différents monastères et couvents disséminés dans toute l'étendue du royaume, était, en 1789, de 80,000, se répartissant ainsi :

16,000 de l'ordre de Saint-Augustin.
12,000 de Sainte-Claire.
11,000 de Cîteaux.
9,500 Ursulines.
9,000 religieuses de Saint-Benoît.
7,000 de la Visitation.
4,500 de Saint-Dominique.
3,400 Carmélites.
1,500 de l'ordre de Fontevrault.
3,600 vivant d'aumônes.
2,500 de différents ordres.

Ces 80,000 religieuses jouissaient d'un revenu de 16,500,000 livres et étaient l'objet de grandes libéralités des dames nobles, qui consacrèrent souvent une partie de leur fortune à la dotation de ces maisons de paix.

Il existait autrefois deux classes de chapitres de dames nobles, dont les titulaires prenaient le titre de chanoinesses.

La première se composait des chanoinesses régulières, c'est-à-dire des dames religieuses qui vivaient en communauté et se soumettaient à une règle qui, le plus souvent, était celle de saint Benoît, suivie généralement dans la majeure partie des monastères de femmes.

La seconde, exclusivement composée de séculières, était formée de dames nobles qui n'étaient pas astreintes à la prononciation des vœux, à l'exception de l'abbesse et de la doyenne, qui faisaient vœu de chasteté.

Celles-ci, quoique réunies dans un même lieu, avaient cependant des habitations distinctes.

La révolution de 1789 abolit les chapitres nobles.

Cependant il existe encore de nos jours des chanoinesses, et cette qualification est également portée par des dames ou des demoiselles appartenant à la noblesse française.

Ce sont les membres de l'ordre chapitral de Sainte-Anne de Bavière dont le siége est à Munich, et qui admet des chanoinesses honoraires prises parmi les dames de la noblesse étrangère, les plus recommandables par leur naissance et leur mérite.

Une princesse de Bavière, fille ou sœur du roi, est présidente née du chapitre.

Les meilleures familles de France sont représentées dans l'ordre, et le nombre des chanoinesses honoraires françaises forme plus de moitié du chiffre total des dames.

Toute aspirante à cette dignité doit justifier de huit quartiers de noblesse, ou d'un rang assez élevé pour en tenir lieu, et acquitter les frais de chancellerie.

Les chanoinesses portent le titre officiel de chanoinesses-comtesses.

Elles ont un costume particulier, en satin noir l'été, en velours noir l'hiver ; il se compose d'une robe richement brodée en paillettes noires et d'un manteau non moins élégant qui s'attache à la ceinture.

Un large ruban bleu moiré, bordé d'un filet broché d'argent et d'un liséré jaune pâle, se place transversalement sur la poitrine de gauche à droite et va perdre, dans la ceinture, son extrémité frangée d'argent à petites et grosses torsades.

Ce ruban n'est porté que dans les jours de solennité.

La décoration ordinaire du chapitre consiste en une croix à quatre branches, dont le fond d'or est rehaussé d'émail blanc et bleu : d'un côté on y voit représentée l'effigie de sainte Anne, entourée de ces mots : *Sub tuum præsidium;* sur l'autre la figure de saint Pierre, avec ces mots : *Patronus noster.*

Cette croix est suspendue à un ruban de même couleur que celui dont nous avons déjà parlé, bordé de la même façon et noué en rosette sur l'épaule gauche.

Ces divers insignes doivent être renvoyés au chapitre après le décès de la titulaire.

Il n'y a point de condition d'âge exigée pour l'admission.

Les chanoinesses demoiselles sont tenues, lorsqu'elles contractent un mariage, d'en informer l'abbesse.

Et chaque année, au 1ᵉʳ janvier, toutes les chanoinesses honoraires doivent lui envoyer une lettre de félicitations.

Toutes les demandes et les envois de décorations se font par l'intermédiaire de l'ambassadeur de Bavière.

Toutefois aucune Française ne peut s'en revêtir qu'après en avoir obtenu l'autorisation par la grande chancellerie de la Légion d'honneur.

Voici la teneur du diplôme de chanoinesse-comtesse de Sainte-Anne : « Nous... abbesse de l'illustre chapitre des dames chanoinesses de Sainte-Anne, à Munich.

« Faisons savoir par les présentes qu'empressée de nous conformer aux désirs que nous a témoignés Sa Majesté de Bavière, notre très-cher..., nous avons nommé et nommons avec plaisir mademoiselle N..., dame chanoinesse honoraire de l'illustre chapitre royal de Sainte-Anne, et lui accordons tous les honneurs et toutes les distinctions attachées à cette dignité, dont nous lui avons fait remettre les décorations ; voulons, en conséquence qu'en vertu du présent diplôme et des décorations y jointes, mademoiselle N... soit généralement reconnue en qualité actuelle de dame chanoinesse dudit chapitre.

« En foi de quoi, nous avons signé de notre propre seing et fait apposer notre grand sceau.

« Fait à Munich, le... »

Sous l'ancienne dynastie, il existait aussi un chapitre, aboli de nos jours, et qui donnait aux dames nobles appelées à en faire partie la qualification de *dames chanoinesses de l'ordre de Sainte-Élisabeth de la Visitation*.

C'était une classe de l'ordre des *Quatre Empereurs*, institué pour récompenser le mérite et les vertus civiles et religieuses.

Les dames chanoinesses portaient les insignes des ordres réunis des Quatre Empereurs et du mérite du Lion de Holstein.

Quant aux chanoinesses de Nivelle, dont on trouve le titre relaté dans quelques actes, elles étaient désignées plus particulièrement sous celui de chevalières de Saint-Georges ; ce n'était, à proprement parler, qu'une distinction purement honorifique.

Nous avons précédemment dit que les occupations des nobles dames du moyen âge se réduisaient à la pratique des devoirs religieux et aux travaux de l'aiguille, et qu'elles passaient leur vie dans le manoir ou le castel, étrangères aux choses du dehors et soumises à un isolement, ou plutôt à une claustration qu'expliquait l'état de la société, composée de roturiers et de nobles presque toujours divisés entre eux, et forcés d'abriter derrière les murs crénelés de leurs châteaux forts, leurs femmes et leurs biens, dans la crainte de s'en voir déposséder à la suite de quelque audacieux coup de main ou de quelque rapine.

Plus tard, lorsque la cour de France devint le rendez-vous général de la noblesse, nous retrouvons les femmes en possession de charges, de dignités et d'honneurs.

Sous les derniers siècles, les dames nobles jouissaient à la cour de toutes les prérogatives que donnent la beauté, la jeunesse et la fortune; des plaisirs nombreux naissaient chaque jour sur leurs pas. Elles étaient l'objet des plus délicates attentions de la part des gentilshommes qui la fréquentaient. Fêtées, recherchées, adulées par toute la fleur de l'aristocratie et quelquefois par les souverains eux-mêmes, on comprend combien elles devaient être désireuses d'y paraître et de s'y enivrer des séductions qu'elle leur offrait.

Or il fallait pour cela qu'elles fussent *présentées*.

La présentation était une cérémonie soumise à des règles déterminées par l'étiquette et qui prenait toutes les proportions d'un véritable événement dans la vie de celle qui la sollicitait.

Voici les détails de cette importante affaire, tels qu'ils sont relatés dans la *Revue historique de la noblesse :*

« Après avoir attendu les ordres de Sa Majesté dans une pièce voisine, la nouvelle présentée était introduite dans le grand cabinet par les deux dames de la cour qui lui servaient de patronesses.

Le roi ne lui adressait pas toujours la parole, mais il faisait un signe paternel et gracieux, puis il embrassait la présentée sur une seule joue, si elle était simple femme de qualité, sur les deux quand elle était duchesse ou grande d'Espagne, ou qu'elle appartenait à une famille en possession héréditaire des honneurs du Louvre et du titre de cousin du roi. La dame, toujours accompagnée de ses conductrices, allait ensuite chez la reine et s'inclinait profondément devant elle, en ayant l'air de s'agenouiller et de vouloir porter à ses lèvres le bas de la robe de Sa Majesté, qui s'empressait de la faire retomber par un léger coup d'éventail. La dame se retirait ensuite à reculons et tâchait de ne pas s'entortiller les pieds dans son manteau dont la queue traînait de six à huit aunes. Si elle était duchesse ou grande d'Espagne, avant de se retirer elle s'asseyait quelques minutes en présence de Sa Majesté; ce privilége de s'asseoir devant la reine, dont elle jouissait à l'avenir, s'appelait vulgairement *avoir le tabouret.* » Après la présentation, on retournait à Versailles faire sa cour le matin après la messe, et le soir au jeu, à peu près tous les dimanches.

Ajoutons que le droit du tabouret ne fut accordé aux grandes d'Espagne qu'en 1625.

D'après le cérémonial de l'Empire, de 1808, les dames sont présentées à Sa Majesté au cercle du dimanche, qui a lieu après la messe dans l'appartement ordinaire de l'empereur.

Les dames étrangères peuvent aussi être présentées à Sa Majesté au cercle du dimanche, mais elles ne le sont qu'après avoir été présentées à S. M. l'impératrice.

Ces présentations sont faites à l'empereur par la dame d'honneur ou la dame d'atours, ou une des dames du palais ou des princesses, ou par une dame épouse d'un des grands officiers de l'empire.

La dame qui demande à être présentée s'adresse à l'une des dames qui peuvent faire la présentation, et celle-ci, pour en obtenir la permission de l'empereur, s'adresse au chambellan de jour.

Les dames épouses des grands fonctionnaires nationaux ont le droit d'être présentées.

Les présentations à l'impératrice ont lieu à son lever.

Elles ont lieu chez les princes et les princesses de la même manière et aux jours qu'ils indiquent.

Quant aux fonctions remplies à la cour de France par les dames nobles, elles variaient selon les usages et coutumes des reines auprès desquelles elles étaient admises.

Sous le règne de Louis XIV, le droit de monter dans les carrosses de la reine était réservé aux dames de haute noblesse; madame Colbert fut la première femme de secrétaire d'État qui jouit de cet honneur.

Elle avait été chargée par le roi de l'éducation de mademoiselle de Blois, fille de mademoiselle de la Vallière. Or, la reine avait pris en affection la jeune personne, et se plaisait à l'emmener aux promenades et aux collations qui se faisaient dans la forêt de Saint-Germain avec les dames d'honneur.

Quoique ces petites parties de plaisir fussent

fort innocentes, la reine comprit qu'il n'était pas convenable que mademoiselle de Blois, devenue grande, se trouvât des demi-journées loin de la surveillance de madame Colbert, et désirant toutefois ne pas se priver de la société de mademoiselle de Blois, elle sollicita du roi son époux l'autorisation de faire accompagner celle-ci par madame Colbert, qui se trouva ainsi en possession du droit de monter dans les carrosses de la reine, droit qu'elle conserva même après le mariage de son élève avec le prince de Conti.

Madame de Louvois, dont le rang était semblable à celui de madame Colbert et qui était petite-fille de M. de Souvré, le gouverneur de Louis XIII, humiliée d'être exclue des carrosses, fit remontrer au roi par son mari, qu'il serait au moins juste de lui accorder la faveur dont il avait trouvé digne madame Colbert, et Louis XIV finit par décider qu'à l'avenir, les femmes des secrétaires d'État auraient ce privilége tant désiré.

Ce fut la reine Anne d'Autriche qui, la première, accorda à des dames d'honneur, n'étant pas duchesses, le droit d'avoir un tabouret pour s'asseoir devant elle. Ce furent la marquise de Sennecey, veuve de Beaufremont, et la comtesse de Fleix, veuve de Grailli-Foix, sa fille, qui reçurent les brevets leur conférant ce droit réservé jusqu'alors, nous le répétons, aux duchesses.

Avant la régence du duc d'Orléans, les filles et petites-filles de France avaient chacune une dame d'honneur et une dame d'atours. Cet usage fut suivi jusqu'à ce que la duchesse de Berri en attacha quatre à sa personne ; l'exemple fut imité par la régente et sa sœur.

Les quatre dames choisies par la duchesse de Berri prirent le titre de dames du palais, ainsi que le constate *l'État de la France* de 1718.

C'étaient mesdames de Clermont, d'Armentières, de Beauvais et d'Aidée. Elles touchaient quatre mille livres de gages.

Bientôt les princesses du sang, désireuses de se donner des suivantes, engagèrent à leur service des dames nobles qui consentirent à prendre le titre de dames de compagnie.

L'honneur de donner la chemise à la reine ou aux princesses du sang était un droit appartenant à la personne présente la plus qualifiée, et en même temps un devoir qu'on ne pouvait se dispenser de remplir.

La duchesse de Berri, se trouvant un jour au lever de sa belle-sœur, la duchesse de Bourgogne, et ayant manifesté le désir de s'affranchir de l'obligation de lui présenter la chemise, elle y fut contrainte par ordre du roi.

Louis XV, exigea après son mariage, que, lorsque la cour viendrait rendre hommage à la reine, toutes les dames titrées se tinssent debout.

Les *dames d'honneur* furent instituées sous François Ier par Catherine de Médicis, qui les choisit au nombre de douze dans les plus grandes familles du royaume.

En 1675, Anne d'Autriche, femme de Louis XIII, changea leur nom en celui de *dames du palais*.

Et on ne désigna sous le titre de *dame d'honneur* que la première dame de la maison et de la suite des reines et princesses du sang royal.

La *dame d'atours* avait charge de la toilette. Elle donnait les ordres pour tout ce qui concernait les vêtements et les pierreries de la reine. Elle présidait à la toilette et dirigeait les femmes de chambre chargées de l'habiller et de la coiffer. Aux audiences que donnait la reine, la dame d'atours se plaçait à sa gauche; elle servait la reine en son petit couvert, en l'absence de la dame d'honneur.

La *dame du lit* fut celle qui présida au lever et au coucher. La charge de dame du lit, créée spécialement par Louis XIV en faveur de madame du Fresnoy, s'éteignit avec elle.

Et ainsi de suite selon la nature des fonctions.

Lorsque ces emplois étaient donnés à des demoiselles, elles étaient dans l'obligation de solliciter du roi un brevet les autorisant à prendre et à recevoir le titre de *dame*, et qu'on appelait en conséquence : *brevet de dame*.

(On sait que, d'après le droit féodal, on désigne par *dame* la femme qui possède une seigneurie et des vassaux, ou qui est mariée à un homme les possédant.)

Toutes les filles de France s'appelaient *Madame;* l'aînée n'était distinguée des cadettes que par l'adjonction que faisaient celles-ci de leur nom de baptême à ce titre.

La fille aînée du frère du roi s'appelait *Mademoiselle.*

Ce fut la fille de Gaston d'Orléans qui la première, porta ce titre (avec le rang de petite-fille de France qui lui fut assigné par Louis XIII) jusqu'à sa mort, survenue en 1693, bien que *Monsieur,* frère de Louis XIV, eût des filles, dont l'aînée était aussi appelée *Mademoiselle.*

Il est vrai qu'en plusieurs occasions, et afin d'éviter la confusion résultant de cette similitude de titres, on appela la fille de Gaston la *grande Demoiselle.*

Les actes de la cour donnèrent également à mademoiselle de Charolais, sœur du duc de Bourbon-Condé, ce titre de *Mademoiselle.*

Des équivoques nombreuses ont été commises dans les mémoires du temps pour ce fait.

L'obtention et la pratique des divers droits, attachés au rang et à la dignité de certaines dames nobles, amenèrent souvent des rivalités et des jalousies.

Les reines avaient aussi quelquefois des surintendantes; des princesses du sang ont occupé cette place.

Les dames de compagnie devaient être en état de faire les preuves exigées pour être présentées à la cour.

V

DES COSTUMES PARTICULIERS AUX DAMES NOBLES

Le vêtement des femmes nobles, sous les premiers rois, était des plus simples : une large robe sans manches et une ceinture en faisaient tous les frais.

Peu à peu il se compliqua, et la fraise enrichie d'or et de pierreries, les bracelets et les manteaux vinrent lui donner l'élégance primitive que le temps ne fit qu'accroître et perfectionner.

Les voiles, les ceintures ornées de glands d'or et de soie, et les robes à longue queue furent les premières marques distinctives des nobles ; les ornements d'or et d'argent, et les riches fourrures entraient, pour une si grande partie, dans l'habillement, que le roi Philippe Auguste les défendit aux dames nobles, et n'en permit l'usage qu'aux femmes des grands dignitaires de la couronne. Philippe le Bel l'imita, et déclara que les duchesses, comtesses et baronnes, dont les maris possédaient six mille livres de terre, auraient seules le droit de changer de robe quatre fois l'an : quant aux dames nobles qui ne possédaient pas deux mille livres, elles ne pouvaient avoir qu'une seule robe dans l'année.

Il ordonna enfin que toute femme, qui ne serait pas noble, ne porterait ni vêtements de couleur bleue ou grise, ni hermine, ni or, ni argent, ni pierres précieuses.

Plus tard, le chaperon de velours marqua le rang de celle qui le portait.

Mais bientôt femmes du peuple et bourgeoises s'avisèrent de vouloir lutter de luxe et de richesse avec les dames de haute maison, et saint Louis rendit, en 1230, une ordonnance qui établit que les étoffes de soie et de velours seraient exclusivement réservées aux dames nobles qui, seules aussi, pourraient porter les ceintures dorées.

Vers le sixième siècle, les vêtements des dames nobles étaient ornés d'emblèmes héraldiques, bien que les armoiries ne fussent, à cette époque, soumises à aucune règle qui en déterminât la forme et les couleurs; peu à peu cette coutume disparut; mais, vers 1365, les dames de condition noble firent de nouveau armorier leurs robes, sur lesquelles furent représentés le blason de leur époux et le leur. Cette mode ne dura guère plus d'un siècle.

Ce fut sous le règne de Louis XI que les dames nobles se distinguèrent des bourgeoises en adoptant les robes à queue traînante; déjà elles se fardaient le visage de rouge et de blanc sous Charles VI; sous François Ier, elles adoptèrent l'usage du masque.

Le 26 novembre 1535, le parlement ordonna à ses huissiers d'enlever tous les masques qui se trouvaient à Paris; le lendemain, une seconde ordonnance en prohiba la vente et la fabrication.

Le chaperon de velours fut encore une fois usurpé par les bourgeoises.

Une ordonnance royale intervint qui força celles-ci à s'en tenir au chaperon de drap.

Catherine de Médicis avait importé à Paris le goût effréné du luxe et des parures.

Charles IX voulut remédier à ces excès; il rendit, le 22 avril 1561, une ordonnance qui, s'appuyant sur ce que « l'une des causes qui apportent l'appovrissement de nos peuples et sujets procède des dépenses superflues qui se font en habits tant d'hommes que de femmes, » contenait les dispositions suivantes :

« Tous nos sujets de quelqu'état et qualité qu'ils soient sans exception de personne, fors de nos très-chers et très-amés frères sœurs et tantes, notre très-cher et très-amé oncle le roi de Navarre, les princes et les princesses et ceux qui portent le titre de ducs, ne pourront dorénavant se vêtir et habiller d'aucun drap, toile d'or et d'argent, user de pourfilure, broderies, passements, franges, tortils, cannetilles, recamures, velours ou soie barrées d'or et d'argent soit en robes, fales, pourpoints, chausses ou autres habillements en quelque sorte ou manière que ce soit; ce que nous leur avons inhibé et défendu, inhibons et défendons, et ce, sur peine de mille escus d'amende, applicable moitié à nous et l'autre aux pauvres du lieu.

« Défendons en outre à nos dits sujets, soit hommes femmes ou leurs enfants, d'user ès habillements qu'ils porteront, soit qu'ils soient de soie ou non, d'aucune bande de broderies, piqures ou emboutissement de soie, passements, etc., dont leurs habillements ou partie d'iceux, puissent être couverts ou enrichis, si ce n'est seulement un bord de velours ou de soie de la largeur d'un doigt, ou pour le plus deux bords, chenettes ou arrière-point au bout de leurs habillements, et ce, sur peine de deux cents livres parisis d'amende pour chacune fois applicable moitié aux pauvres, et l'autre au dénonciateur sans aucune rémission.

« Permettons aux dames et damoiselles de maison qui résident aux champs et hors de nos villes, de s'habiller de robes et cottes de draps de soie de toutes couleurs, selon leur état et qualité, pourvu, toutefois, que ce soit sans aucun enrichissement.

« Et quant à celles qui sont à la suite de notre dite sœur et de princesses et dames, elles pourront porter les habillements qu'elles ont de présent, de quelque soie ou façon qu'ils soient enrichis, et ce jusqu'à un an prochainement venant, à commencer du premier jour de juillet prochain et lors seulement qu'elles seront à notre suite et non ailleurs, et sans que pendant ledit temps leur soit loisible, faire faire aucuns nouveaux habillements, d'autre sorte et façons que ceux que nous avons permis aux dames et damoiselles qui résident hors nos villes, ce que nous leur avons inhibé et défendu, inhibons et défendons sur les mêmes peines que dessus.

« Et ensemble, aux veuves l'usage de toutes soies, hormis de serge et camelot de soie, taffetas, damas, satin, velours plain.

« Quant à celles de maison demeurant aux champs et hors nos villes, sans aucun enrichissement ni autre bord que celui qui sera mis pour arrêter la couture.

« Et quant aux femmes et filles (des présidents, maîtres des requêtes et conseillers de nos cours souveraines et grand conseil, gens de nos comptes et tous autres officiers et ministres de notre justice, et généralement tous autres officiers, sujets, habitants et résidants en chaque ville de nos royaume et pays de notre obéissance), ne pourront porter aucuns habillements de soie si ce n'est devant de cottes, manchons, et doublures de manches de leurs robes, et, toutefois sans aucun enrichissement.

« Ne pourront aussi lesdites femmes porter dorures à leurs têtes, de quelques sorte qu'elles soient, sinon la première année qu'elles seront mariées ; et seront les chaînes, carcans et bracelets qu'elles porteront sans aucun émail, et ce, sur peine de deux cents livres parisis d'amende pour chacune fois, laquelle avons, dès à présent, donné moitié aux pauvres, l'autre au dénonciateur, sans que nos juges la puissent modérer. »

François Ier et Henri II avaient déjà publié des lois réformatrices en 1543, 1547 et en 1549.

Cette dernière permettait seulement aux princesses de se vêtir d'étoffes de soie rouge cramoisi, et aux dames et demoiselles nobles de ne les employer que sur les cottes et manchons.

Les filles qui servaient la reine ne pouvaient porter des robes de velours d'autre couleur que celle rouge cramoisi.

Celles qui servaient les princesses, de velours noir ou tanné.

Les femmes et filles de présidents et conseillers des diverses cours de justice ne devaient porter de velours que sur leurs cottes et manchons.

En 1561 et 1565, la même loi fut renouvelée.

Quatre ordonnances rendues successivement par Charles IX furent impuissantes à réprimer l'abus.

Henri III décréta une loi somptuaire qui défendit aux dames nobles les étoffes d'or et d'argent.

Il n'obtint pas plus de succès.

Un autre privilége de la noblesse fut le *décolleté*.

Les bourgeoises n'osèrent pas s'en emparer, mais elles qualifièrent celles qui mettaient à découvert leurs épaules et leurs seins de *dames à gorge nue*.

Le pape lança une bulle.

Bulle, ordonnances, tout fut impuissant; on décréta contre la soie, le velours, l'or, l'argent, les dentelles, et on en porta constamment. Sully s'avisa d'un expédient, il défendit :

« De porter ni or, ni perles, ni diamants, ni dentelles d'Italie sur les chapeaux et habits, excepté cependant aux filles de joie. »

Ce moyen réussit pour un moment, mais le goût des toilettes ruineuses était trop enraciné pour ne pas reparaître, et, sous Louis XIII, il régnait en maître absolu.

Les masques reparurent sous le nom de loup, parmi les dames de la cour, et bientôt toute la noblesse féminine l'adopta ; il disparut, toutefois, à la mort de Louis XIII, mais les dames de qualité le portèrent encore à la main et s'en couvrirent le visage au grand air, jusqu'à Louis XVI.

Nous avons prononcé à plusieurs reprises le mot de manchons.

Leur origine remonte aux premiers temps de la monarchie : quelques fourrures, telles que le menu vair et l'hermine, étaient les signes distinctifs de la haute noblesse ; les dames nobles furent longtemps seules en possession du droit de porter des manchons de cette sorte.

Oui, robes, manteaux, coiffures, manchons, tout ce qui constitue la toilette fut soumis au contrôle de l'autorité royale ; et le privilége de s'habiller de certaines étoffes de couleurs spéciales fut accordé cemme marque de rang élevé ou de dignité.

Cette distinction établie entre les femmes des simples gentilshommes et les filles des titulaires des hautes charges, donna lieu à bien des jalousies et des haines.

Mais la révolution de 1789 fit justice de toutes les ordonnances et lois somptuaires, en établissant la liberté illimitée du costume ; et, de nos jours, bourgeoises ou dames nobles, ouvrières ou femmes de hauts fonctionnaires ont le droit de se promener par la ville, habillées de la même façon, laissant à l'homme de goût le soin de deviner d'un seul coup d'œil la femme du monde ou la femme du peuple, sous la soie ou le velours dont elles se parent.

Nous avons parlé, dans notre premier chapitre, des couronnes qui peuvent entrer, comme ornement, dans la coiffure, ou qui, plus habituellement, se brodent sur les mouchoirs ou tout autre objet; nous rappellerons aux dames nobles que :

La couronne de baronne est un simple tortil de perles enlacé autour d'un cercle d'or.

La couronne de vicomtesse, un cercle d'or sur lequel sont rangées quatre grosses perles et quatre petites alternées.

Celle de comtesse, un cercle d'or et seize perles.

Celle de marquise, un cercle d'or soutenant quatre fleurons et des perles alternées.

Celle de duchesse, un cercle d'or supportant des feuilles d'ache ou fleurons refendus.

La broderie ou la gravure ne représentent que trois grosses perles et deux petites pour la première; neuf pour la seconde; un fleuron et deux demi-fleurons avec deux perles pour la troisième et cinq feuilles d'ache pour la quatrième, puisque les couronnes sont vues de face.

Les *Chroniques de la cour du roi d'Arles* mentionnent le renom dont jouissaient les modes du pays de France dans les États du roi Rodolphe, et content, à ce propos, une anecdote qui mérite la peine d'être rapportée.

Ce roi avait pris sous sa protection, vers 1193, les trois filles du comte français Adhémar de Valence, Marie, Marthe et Madeleine, dont le père était parti pour la croisade; elles avaient introduit à la cour les modes françaises, ce qui l'avait divisée en deux camps : l'un composé des gens attachés au costume national; l'autre, de partisans de l'innovation.

Madeleine, la plus jeune, était le chef de ce dernier parti; à la tête du premier se trouvait le sire de Bédos, fou du roi, qui s'était tourné contre Madeleine, après l'avoir demandée en mariage et s'être vu refusé avec mépris.

Or, désireux de prendre femme, bien qu'il fût nain et outrageusement contrefait, il adressa ses hommages à Marthe, la sœur cadette.

Depuis quelque temps il courait sur le compte

de Madeleine des bruits qui entachaient fort sa vertu; et le fou, jaloux de voir qu'elle accordait facilement à d'autres des faveurs qu'il lui était interdit d'espérer, se vengea d'elle par un mot plein de méchanceté.

Un jour qu'en devisant avec les trois sœurs, Marie lui dit en riant de l'invoquer, il prit la parole et répondit sur-le-champ :

— O Marie, pleine de grâce, soyez bénie entre toutes les femmes; priez Dieu qu'il dispose favorablement pour moi le cœur de votre sœur Marthe, et qu'il pardonne à Madeleine qui a péché.

Rouge de confusion, Madeleine se retira; mais elle alla, tout en larmes, trouver le roi à qui elle raconta l'impudent sarcasme de son fou, et le supplia de lui permettre de venger son honneur faussement attaqué.

Rodolphe avait pour Madeleine une affection des plus vives; il se sentit tout disposé à lui accorder ce qu'elle demandait, et l'autorisa à faire choix d'un chevalier pour épouser sa querelle et la soutenir en champ clos.

Non-seulement Madeleine rencontra autant de champions qu'elle en désira, mais la demoiselle étant le représentant des partisans de la mode française, et le fou celui de la mode nationale, il se présenta pour l'offenseur autant de combattants que pour l'offensée.

La lice fut ouverte et appelée la *lice de la mode*.

Tous les tenants de Madeleine furent vaincus, quelques-uns tués, tous les autres blessés.

Ce que voyant le roi, il s'inclina devant ce *jugement de Dieu* et défendit, sous les peines les plus sévères, les modes françaises, ordonnant, qu'à l'avenir, *toute dame ou damoiselle, dans les royaume et cité d'Arles, ne porteraient robes ou mantels, affiquets ou enjolivements à la mode du pays de France, et se vêtiraient à l'us et coutume du pays.*

Sous Louis XV et Louis XVI, aux bals parés de la cour, donnés à l'occasion d'une solennité quelconque, les dames n'étaient admises à danser qu'en toilette de bal paré, c'est-à-dire en grands habits avec paniers; des grands corps à épaulettes découvrant les épaules, des souliers à talons et à pointes, des bas de robes traînants, un habit d'une riche étoffe brodée d'or, une coiffure d'une prodigieuse élévation et surchargée de pierreries; de lourdes girandoles de diamants, suspendues aux oreilles, complétaient ce costume avec lequel, ajoute naïvement madame de Genlis, à qui nous empruntons ces détails, il était difficile de danser lestement.

Aux bals ordinaires, les dames étaient en dominos à plis par derrière, comme les robes de ville.

Ces dominos étaient sur des petits paniers; ils avaient des amadis, de très-longues manches flottantes et des petites queues.

Aux bals de la reine, toutes les dames étaient en dominos de taffetas blanc.

Nous avons parlé tout à l'heure de grand habit, on appelait ainsi l'ancien costume de cour, qui ne pouvait être porté que par les dames présentées.

L'ancienne coutume des deuils était établie comme suit sous la monarchie :

Les deuils de pères et mères étaient de six mois, ils se portaient pendant les trois premiers mois : la laine en fleuret, popeline ou raz de Saint-Maur, la garniture d'étamine avec effilé uni, les bas et les gants de soie noire, les souliers bronzés ainsi que les boucles.

Si c'était en grand habit, on prenait les bonnets d'étamine noire, les barbes plates garnies d'effilé uni, la coiffe pendante, les mantilles de même étoffe, ainsi que l'ajustement et les manches de crêpe blanc, garnies d'effilé uni, pendant les six premières semaines.

Si c'était en robe, on portait les bonnets, les barbes, les manches et le fichu de crêpe blanc garni d'effilé uni.

Au bout de six semaines on quittait la coiffe, on prenait les barbes frisées et on mettait les pierres noires.

Les trois mois finis, on prenait la soie noire pour six semaines, le poult de soie en hiver, le taffetas de Tours en été, avec les coiffures, manches, fichu de gaze brochée, garni d'effilé découpé, diamants.

Les six dernières semaines, on portait le blanc uni ou le noir et le blanc avec la gaze brochée et les agréments pareils.

Pour les deuils de grand-pères et grand'mères, l'étiquette était la même, six semaines en laine, six semaines en soie et six semaines en petit deuil.

Frères et sœurs : un mois la laine, quinze jours la soie, quinze jours le petit deuil.

Oncles et tantes : trois semaines en soie, dont quinze jours avec effilé, sept jours avec gaze brochée ou blonde.

Cousins germains : quinze jours : huit avec effilé, sept avec gaze brochée ou blonde.

Oncles à la mode de Bretagne : onze jours : six en noir, cinq en blanc.

Cousins issus de germains : huit jours : cinq en noir, trois en blanc.

Maris : le deuil était d'un an et six semaines ; pendant les six premiers mois, les veuves portaient le raz de Saint-Maur de laine, la robe à grande queue retroussée par une ganse attachée au jupon sur le côté et qu'on faisait ressortir par la poche, les plis de la robe arrêtés par devant et par derrière, les deux devants joints par des agrafes ou des rubans, point de compère, les manches en pagode.

La coiffure de batiste à grands ourlets, les manches plates à un rang et grand ourlet, le fichu de batiste aussi à grand ourlet, une ceinture de crêpe noir, agrafée par devant pour arrêter les plis de la taille, les deux bouts pendant jusqu'au bas de la robe.

Une écharpe de crêpe plissée par derrière, la grande coiffe de crêpe noir, les gants, les souliers et les boucles bronzés, le manchon revêtu de raz de Saint-Maur sans garniture ou l'éventail de crêpe.

Les six autres mois, la soie noire, les manches et garnitures de crêpe blanc et les pierres noires.

Pendant les six dernières semaines, le noir et

le blanc seulement et non pas le blanc uni. La coiffure et les manches de gaze brochée ; les agréments, ou tout noirs ou tout blancs, au choix de la veuve.

Les antichambres des veuves devaient être tendues de noir, la chambre à coucher et le cabinet, de gris pendant un an, les glaces cachées pendant six mois.

Les veuves ne pouvaient paraître à la cour qu'au bout des six premiers mois.

Les deuils de cour se portaient autrefois en blanc par la reine et par toutes les dames nobles ; on ne prit et n'adopta la couleur noire que sous Charles VIII.

Au moyen âge, on portait en signe de deuil le chaperon rabattu sur le dos et sans fourrure.

L'étiquette établie sous le premier Empire diffère peu du cérémonial réglé par les rois.

Les deuils furent portés par l'impératrice, les princesses et les femmes des ministres, des grands officiers de l'empire, civils et militaires, celles des officiers de la maison de Leurs Majestés, et généralement par toutes les personnnes présentées.

Les deuils de cour se divisent en grand deuil et en deuil ordinaire et se partagent en trois temps : 1° la laine; 2° la soie et les pierres noires; 3° le petit deuil et les diamants.

Premier temps ou grand deuil : vêtements de laine noire pendant la première moitié de ce premier temps, coiffure et fichu de crêpe noir; pendant la seconde moitié, coiffure et fichu de crêpe blanc garni d'effilé uni.

Deuxième temps ou deuil ordinaire : vêtement de soie noire ; en hiver le poult de soie, en été le taffetas de Tours ; les coiffures et garnitures en crêpe blanc garni d'effilé.

Troisième temps ou petit deuil : le blanc uni ou le noir et blanc; hors le temps où la cour est en grand deuil, nul ne peut s'y présenter en grand deuil, sans en avoir la permission de Sa Majesté.

Lorsque la cour est en deuil, aucune personne, même celles qui demandent audience et qui ne sont pas présentées, ne peut y paraître sans être en deuil.

Pendant le grand deuil et dans les grandes cérémonies, les dames ajoutent à leur habillement une mante noire dont la longueur est réglée sur le rang de la personne qui la porte et un petit voile de crêpe noir sur la tête.

CHAPITRE VI

PARTICULARITÉS

La loi Salique punissait aussi sévèrement les injures envers une dame qu'un homicide prémédité; ainsi celui qui traitait une femme de *prostituée* ou quelque mot indécent, payait une amende de cent quatre-vingt-sept sous et demi d'or.

L'action de serrer la main d'une dame, sans qu'elle y consentît, était punie de quinze sous d'or d'amende...

Celle de lui serrer le bras, de trente.

L'action de toucher le sein, soixante.

Et toujours en augmentant, à mesure que les libertés étaient plus grandes.

★
★ ★

Sous le régime féodal, ou plutôt du temps de Charlemagne, les abbesses bénissaient le lit nuptial des nouveaux mariés, qui ne pouvaient se coucher sans l'observance de cette coutume; plus tard les curés furent seuls chargés de ce soin.

★
★ ★

Un gentilhomme dérogeant à sa noblesse, en épousant une femme du peuple ou une bourgeoise, payait une amende pour lui, et les enfants nés depuis sa dérogeance, s'il voulait se faire réhabiliter.
(Déclaration de Louis XIV, 8 février 1661; arrêt du conseil d'État, 13 janvier et 10 octobre 1668.).

* * *

La loi Salique obligeait les Francs à doter leurs femmes; l'époux donnait un sou et un denier au père de celle qu'il prenait pour femme; si c'était une veuve, il donnait trois sous et un denier à ses plus proches parents.

Les rois payaient la même somme que les sujets.

En outre, l'époux faisait à sa femme, le lendemain de ses noces, un présent proportionné au rang et aux biens qu'il possédait; c'est ce qu'on nommait *Morgagéniba* ou présent du matin.

La femme possédait en propre ce qui lui était donné; de cette façon plusieurs reines de France eurent ainsi des villes, où elles levèrent des impôts en leur nom, et où elles nommèrent de leur pleine volonté des gouverneurs.

* * *

Selon la coutume de Champagne, la mère anoblissait ses enfants en les mettant au monde, bien que leur père fût roturier ; toutefois il fallait que ces enfants renonçassent à une très-grande partie de la succession de leur père.

De ce privilége, donné aux femmes nobles, vint l'expression : *le ventre anoblit*.

***

D'après la stricte observation des usages nobiliaires, il n'y avait que les femmes des chevaliers qui avaient le droit d'être appelées *Madame*.

Ainsi on voit dans un acte de 1540, Jeanne de Foix, femme du comte de Laval de la maison de Montmorency, qualifiée : *Mademoiselle de Laval*.

Anne Pot, femme de Guillaume baron de Montmorency n'était également appelée, après son mariage, que *Mademoiselle de Montmorency*.

***

Sous l'ancienne monarchie, toutes les dames présentées étaient sur la liste des bals de la reine. Et une seule invitation, adressée par la dame d'honneur, les autorisait à y aller toutes les semaines.

—Au bal, la reine et toutes les princesses de a famille royale nommaient leurs danseurs.

C'était à elles à tendre les mains aux danseurs et non aux danseurs à la présenter d'abord.

*
* *

La reine et les princesses *invitaient* à dîner ou déjeuner, mais ne *priaient* pas.

Elles ne mangeaient jamais avec des hommes, sans que le roi ou les princes prissent part au repas.

*
* *

Dans les courses de traîneaux, les hommes de cour menaient toutes les dames.

La reine et les princesses désignaient leurs conducteurs.

Les dames tiraient leurs noms au sort.

*
* *

Si on présentait un objet quelconque à une princesse, l'usage voulait qu'on se dégantât.

*
* *

Les dames jouant aux cartes avec la reine et les princesses, faisaient un salut de la main en donnant les cartes, et le répétaient jusqu'à ce qu'il leur fût donné l'invitation de le cesser.

*
* *

Si une princesse demandait à boire, le valet de chambre présentait le verre à la dame d'honneur, qui le tendait à la princesse; — celle-ci buvait, tandis que toutes les dames présentes se levaient.

* * *

Les princesses se mariaient dans la chapelle de Versailles. Le soir du mariage, la reine donnait la chemise à la princesse.

Celle-ci se déshabillait en présence de toutes les dames de la cour, ensuite elle se mettait au lit et l'on tirait les rideaux.

Puis arrivait l'époux, en robe de chambre, qui se couchait à son tour ; on tirait de nouveau les rideaux, le grand aumônier bénissait le lit.

Et la cérémonie se terminait.

Les princesses filles n'étaient jamais admises à y assister.

* * *

Au moment où les princesses du sang accouchaient, toutes les portes de l'appartement étaient ouvertes et tout le monde pouvait entrer. Lorsque la princesse était dans sa chambre à coucher, c'était sa première femme d'honneur, et non sa dame d'honneur qui faisait le service de la chambre.

Toutes les fonctions de la dame d'honneur et des dames se bornaient à reconduire les visiteurs.

***

Lorsqu'il y avait *appartement*, c'est-à-dire lorsqu'à l'occasion de quelque événement mémorable, la famille royale, les princes du sang et toute la cour étaient réunis, toutes les dames nobles présentées étaient admises; on jouait généralement, mais celles qui ne jouaient pas, faisaient leur cour, assises sur des pliants.

Dans ces occasions ainsi qu'au jeu du roi et de la reine, toutes les femmes présentées, en possession ou non des *honneurs du Louvre*, étaient assises; même sans être à la grande table de jeu, ou aux petites tables de jeu particulier des princesses.

⁎⁎⁎

Les domestiques des femmes ayant droit aux honneurs du tabouret, portaient deux flambeaux de carrosse devant elles.

⁎⁎⁎

Lorsque les princesses écrivaient à la reine, elles mettaient pour suscription : *A la reine ma souveraine Dame*.

FIN

TABLE DES MATIÈRES

Préface. v

Chapitre Ier. — L'Art héraldique. 1

    I. Les savants aux prises avec le blason. 1
    II. Le pourquoi et le comment. 32
    III. Les armoiries des souverains. 41
    IV. Traditions et fantaisies. 54
    V. Les rébus du blason. 84
    VI. Des supports et des devises. 98
    VII. De quelques armoiries municipales. . . . 107

Chapitre II. — Singularités nobiliaires. 116

Chapitre III. — Des droits seigneuriaux et des coutumes provinciales. 143

Chapitre IV. — Les dames nobles de France. 176

    I. Leurs droits, leurs armes, leurs priviléges . . 176
    II. Les dames nobles aux croisades. 194

TABLE DES MATIÈRES.

III. Du sacre et du couronnement des reines de France.................. 204

IV. Des abbesses, des chanoinesses, des charges d'honneur et des fonctions de dames..... 213

V. Des costumes particuliers aux dames...... 235

Chapitre VI. — Particularités........... 256

FIN DE LA TABLE

EN VENTE A LA MÊME LIBRAIRIE

OUVRAGES DE M. GOURDON DE GENOUILLAC

RECUEIL D'ARMOIRIES DES MAISONS NOBLES DE FRANCE, contenant la description de plus de 15,000 blasons. 1 très-beau vol. in-8° à deux colonnes.... 8 fr. »

DICTIONNAIRE DES FIEFS, Seigneuries, Châtellenies, etc., de l'ancienne France, contenant les noms de leurs possesseurs consécutifs et la date de leur érection en terre noble. 1 beau vol. in-8°.... 10 fr. »

DICTIONNAIRE HISTORIQUE DES ORDRES DE CHEVALERIE créés chez les différents peuples, depuis les premiers siècles jusqu'à nos jours. 2e édition, revue, augmentée et ornée d'un grand nombre de figures. 1 très-joli vol. grand in-18 jésus.... 3 fr. »
    Avec figures très-soigneusement coloriées.... 12 fr. »

GRAMMAIRE HÉRALDIQUE, contenant la définition exacte de la science des armoiries, suivie d'un vocabulaire explicatif. 3e édition, revue et augmentée de l'*Art de composer les livrées selon les règles héraldiques*. 1 charmant vol. grand in-18 jésus, orné de 200 blasons gravés, intercalés dans le texte.... 5 fr. »

ANNUAIRE DE LA NOBLESSE DE FRANCE et des maisons souveraines de l'Europe, publié par M. BOREL D'HAUTERIVE, archiviste-paléographe. Cet ouvrage paraît tous les ans depuis 1843; chaque année forme 1 vol. grand in-18 jésus de 400 pages, orné de figure, et se vend séparément. Planches noires, 5 fr. — Coloriées.... 8 fr. »

ARMORIAL D'ARTOIS ET DE PICARDIE. *Généralité d'Amiens.* Recueil officiel dressé par les ordres de Louis XIV (1696-1710), publié d'après le manuscrit de la Bibliothèque impériale, par M. BOREL D'HAUTERIVE. 1 vol. grand in-8°.... 16 fr. »

ARMORIAL DE FLANDRE, DU HAINAUT ET DU CAMBRÉSIS. Recueil officiel dressé par les ordres de Louis XIV (1696-1710), publié d'après les manuscrits de la Bibliothèque impériale, par M. BOREL D'HAUTERIVE. 1 vol. grand in-8°.... 16 fr. »

ARMORIAL GÉNÉRAL DES REGISTRES DE LA NOBLESSE DE FRANCE, par LOUIS-PIERRE D'HOZIER et D'HOZIER DE SÉRIGNY. Résumé et précédé d'une notice sur la famille d'Hozier, d'après des manuscrits inédits, par ED. DE BARTHÉLEMY. 1 vol. in-8° à 2 col.... 8 fr. »

BIBLIOTHÈQUE HÉRALDIQUE DE LA FRANCE, par M. JOANNIS GUIGARD, de la Bibliothèque impériale, comprenant la bibliographie systématique et raisonnée de tous les ouvrages qui ont paru sur le *Blason*, les *Ordres de chevalerie*, la *Noblesse*, la *Féodalité*, les *Fiefs* et les *Généalogies* concernant la France, avec notes critiques et bibliographiques. 1 beau vol. in-8° à deux colonnes.... 16 fr. »

CODE DE LA NOBLESSE FRANÇAISE, ou Précis de la législation sur les titres, les épithètes, les noms, les armoiries, la particule, etc., par le comte C. DE SÉMAINVILLE, ancien magistrat. 2e édit. 1 v. in-8°.... 6 fr. »

CATALOGUE DES GENTILSHOMMES qui ont pris part aux assemblées de la Noblesse en 1789, d'après les procès-verbaux officiels, publié par MM. LOUIS DE LA ROQUE et EDOUARD DE BARTHÉLEMY. Chaque province forme une livraison grand in-8° qui se vend séparément.... 2 fr. »

NOBLESSE, BLASON, ORDRES DE CHEVALERIE. Manuel héraldique, par E. DE TOULGOËT. Nouv. édit. 1 vol. in-8°, orné de fig.... 5 fr. »

PARIS. — IMP. SIMON RAÇON ET COMP., RUE D'ERFURTH, 1.

www.ingramcontent.com/pod-product-compliance
Lightning Source LLC
Chambersburg PA
CBHW070544160426
43199CB00014B/2359